5 cualidades de una familia saludable

5 cualidades de una familia saludable

PASOS QUE PUEDEN DAR PARA
· ESTRECHAR LAZOS
· COMUNICARSE MEJOR
· Y CAMBIAR EL MUNDO
· JUNTOS

Gary Chapman
con Derek Chapman

Publicado por
Unilit
Medley, FL 33166

Primera edición 2024

© 1997, 2008, 2023 por *Gary Chapman*
Título del original en inglés:
5 Traits of a Healthy Family
Publicado por *Northfield Publishing*
(This book was first published in the United States by Northfield Publishing with the title 5 traits of a Healthy Family., copyright © 1997, 2008, 2023 by Gary Chapman. Translated by permission. All rights reserved. This book was previously published as Five Signs of a Loving Family and The Family You Always Wanted.)

Traducción: *Nancy Pineda*
Diseño de cubierta: *Erik M. Peterson*
Fotografía del autor: *P.S. Photography*
Maquetación: *www.produccioneditorial.com*

Publicado anteriormente como *Las cinco características de una familia amorosa* y *The Family You've Always Wanted.*

Reservados todos los derechos. Excepto el apéndice, ninguna parte de este libro puede reproducirse de ninguna forma sin el permiso por escrito del editor, salvo en el caso de citas breves incorporadas en artículos o reseñas importantes.

A menos que se indique lo contrario, el texto bíblico se tomó de la Santa Biblia, Nueva Versión Internacional® NVI®
Propiedad literaria © 1999 por Bíblica, Inc.™
Usado con permiso. Reservados todos los derechos mundialmente.
Las citas bíblicas señaladas con (LBLA) son tomadas de *La Biblia de las Américas*®. Copyright © 1986, 1995, 1997 por The Lockman Foundation. Usadas con permiso. www.lbla.org.

Los nombres y detalles se cambiaron, a fin de proteger la privacidad de las personas.

Producto: 495984

ISBN: 0-7899-2816-7 / 978-0-7899-2816-0

Categoría: *Vida cristiana / Relaciones / Familia*
Category: *Christian Living / Relationships / Family*

Impreso en Colombia
Printed in Colombia

Dedicado a Karolyn y Shelley

Contenido

Introducción	9
Prólogo: Un extraño en la familia	11

PRIMERA PARTE: Familias que sirven

1. Del dolor al placer: Un viaje personal	17
2. Cómo sirven las familias	23

SEGUNDA PARTE: Esposos y esposas que se relacionan de manera íntima

3. Nuestro anhelo de cercanía	37
4. Cinco pasos hacia la intimidad	47

TERCERA PARTE: Padres que guían

5. Hablar, hacer, amar	65
6. El desafío de la enseñanza creativa	75
7. El desafío de la enseñanza constante	91

CUARTA PARTE: Hijos que obedecen y honran a sus padres

8. Por qué es importante la obediencia	109
9. El regalo de la honra	125

QUINTA PARTE: Esposos que aman y lideran

10. El significado de «liderar»	135
11. Lo que los padres hacen por sus familias	149
12. Solo para esposas: El admirable arte de animar	163

Epílogo	177
Unas palabras de Shelley y Derek	181
Agradecimientos	183
Notas	187

Introducción

Llevo más de cuarenta y cinco años ocupándome de los asuntos de la familia. No solo la mía propia, sino la de miles de personas que han cruzado las puertas de mi oficina y han expresado las alegrías y las tristezas de la familia. Pocas cosas en la vida tienen tanto potencial para aportarnos felicidad como las relaciones familiares. En cambio, pocas cosas pueden causarnos tanto dolor como las relaciones familiares rotas. He escuchado literalmente a miles de mujeres y hombres expresar el deseo de su corazón de tener la familia que siempre han deseado.

Sin embargo, ¿cómo podemos, sobre todo en la cultura actual, lograr ese deseo del corazón?

En los últimos años, me he dado cuenta cada vez más de que muchos en nuestros días no tienen una imagen clara de una familia saludable. Conocen el dolor y los problemas de una familia disfuncional, pero no saben cómo sería una familia sana. Por eso me sentí obligado a escribir este libro.

Decir que la familia en la cultura occidental tiene problemas es quedarse corto. Lo más realista es decir que la familia ha perdido el rumbo. En nuestra época, la definición misma de «familia» se ha puesto en tela de juicio, al igual que el concepto de familia (esposo, esposa y casi siempre hijos) como base fundamental de la sociedad. La familia ha sido bombardeada con influencias que van desde el atractivo de «mayor, mejor, más», hasta el énfasis de nuestra cultura en la felicidad personal por encima de todo. Los jóvenes que forman una familia hoy en día carecen a menudo de ejemplos para relaciones saludables.

Llevo más de cuarenta años estudiando la familia, empezando como estudiante de antropología con especial énfasis en la estructura familiar. Llevo más de cuarenta y cinco años dedicándome profesionalmente a ayudar a las personas con problemas matrimoniales y familiares. Mi esposa, Karolyn, y yo criamos a un hijo, Derek, y a una hija, Shelley, ambos ya adultos con sus propias familias. Su influencia y sus ideas contribuyeron en gran medida a este libro.

He llegado a la conclusión de que existen cinco elementos esenciales para construir una familia saludable, por lo que encontrarás este libro dividido en cinco secciones que exploran cada uno de ellos. Además, en el recurso digital «La guía de la aventura familiar» encontrarás ideas prácticas para aplicar de inmediato estos conocimientos a tu propia familia, a fin de ayudarte a formar la familia que siempre deseaste. Lo que le suceda a tu familia afectará a la nación, incluso al mundo, para bien o para mal. Nos levantamos o caemos juntos. Espero que estas cualidades de una familia saludable te sean útiles.

GARY CHAPMAN

PRÓLOGO

Un extraño en la familia

Hace años, un joven recién graduado de la universidad y profesor en un instituto local se me acercó con una pregunta impactante: «¿Me permitirían usted y su esposa mudarme a su casa durante un año y observar el funcionamiento de su familia?». Me dijo que creció en una familia poco saludable y que en la universidad encontró cierta sanidad a través de un grupo cristiano en el campus universitario. Sin embargo, no tenía ni idea de lo que era un matrimonio y una familia saludables. Había leído algunos libros sobre la vida familiar, pero quería ver una familia sana en acción. ¿Lo integraríamos en nuestra familia durante un año para que tuviera esa experiencia?

Por decir lo menos, la idea me sorprendió. No era una petición que hubiera tenido antes o después. Respondí como lo haría todo consejero sabio y maduro: «Déjame pensarlo». Mi primera respuesta interna y emocional fue: *Esto nunca dará resultado*. En ese tiempo vivíamos en una pequeña casa de tres dormitorios y dos baños. Teníamos dos niños pequeños, todos los dormitorios estaban ocupados y ya nos cruzábamos en los baños. ¿Cómo podríamos traer a un extraño, en especial a un adulto? En segundo lugar, me pregunté: ¿Cómo afectaría esto a nuestra familia? Una persona ajena mirándonos y analizando lo que hacemos, y la manera en que nos relacionamos los unos con los otros. ¿No empezaríamos a «actuar para la cámara»? ¿No nos volveríamos irreales?

Había estado en suficientes viajes de antropología como para saber que la presencia del antropólogo que se muda a la aldea tribal para estudiar la cultura afecta, en realidad, a la cultura (aunque no se lea mucho sobre esto en los informes de los antropólogos). Al principio, su presencia es la noticia de la década o el acontecimiento de toda una vida. Esta persona ha entrado en el pueblo haciendo sonidos y movimientos extraños. Es evidente que no es uno de los nuestros. ¿Por qué está aquí? ¿Deberíamos comérnoslo y dar gracias a los dioses por habernos traído una comida fácil? ¿O deberíamos mimarlo y ver si conoce algún nuevo coto donde abunde la caza?

Ahora aquí había un joven que pedía mudarse a mi aldea y observar. Bueno, al menos hablaba mi idioma y me comunicó su propósito. Desde luego, tenía una ventaja sobre los aldeanos que a veces tardan meses en averiguar por qué ha venido a vivir a su aldea esta persona extraña que hace preguntas tan tontas y marcas raras en las esteras blancas.

«¿TENEMOS ALGO QUE VALGA LA PENA TRANSMITIR?»

Al ser parte de una familia amorosa, comenté esta extraña petición con mi esposa y mis dos hijos. Como no podía ser de otra manera, les gustó la idea. Shelley y Derek pensaron que sería estupendo tener un hermano mayor, y Karolyn, a la que siempre le gustan las cosas «no tan habituales», pensó que sería un buen experimento.

—Tal vez ayudaría a este joven por el resto de su vida, y tal vez que esté un poco con nuestra familia sería bueno para nosotros. ¿Acaso no les hemos enseñado siempre a los niños que "es más bienaventurado dar que recibir"?

(Nunca me ha gustado la forma en que ella toma los elevados principios que les enseñamos a los niños y los aplica a mi vida).

—¿Qué pasa con el dormitorio? —le pregunté.

—Construiremos una pared en el sótano, y haremos una habitación y un armario. Solo es un espacio abierto desaprovechado, no hay problema.

Los niños sugirieron que podrían compartir su baño. Para ellos era fácil decirlo: ya utilizaban nuestro baño la mitad del tiempo. Ahora podía verlo: los cuatro usábamos un baño mientras el extraño usaba el otro. (¿Por qué me inclino tanto a creer lo peor?).

Me pregunté: «¿Tenemos algo que valga la pena transmitir?». Recordé las palabras de la experta en familia Edith Schaeffer: «Para que una familia comparta de veras, es necesario que haya algo que compartir»[1]. En otras palabras, antes de poder traer a otra persona a la familia, primero hay que ser una familia funcional. A decir verdad, podría afirmar que creía que teníamos una familia bastante sana. No éramos perfectos. Habíamos pasado por muchas luchas, en especial cuando Karolyn y yo éramos recién casados, antes de que llegaran los niños. Sin embargo, aprendimos mucho a través de estas luchas y ahora estábamos disfrutando del fruto del arduo trabajo. Sí, teníamos algo que transmitir.

«ABRAZADO POR TU FAMILIA»

Así lo hicimos. Construimos la pared en uno de los extremos del sótano, creando un dormitorio, e instalamos puertas de cajón en un extremo de la habitación, creando un clóset. Luego hicimos un agujero en los conductos metálicos e insertamos una rejilla de ventilación, y trasladamos una cama y una mesita de noche usadas del ático de mi madre. Entonces, John se instaló.

Todos estuvimos de acuerdo en que John formaría parte de nuestra familia durante el próximo año y que intentaríamos ser lo más «normales» posible. John lo vio todo, lo escuchó todo, fue parte de todo. Años más tarde, escribió:

> Al volver la vista atrás a esa experiencia, guardo muchos recuerdos agradables. Recuerdo pasar junto a Shelley por la mañana temprano mientras practicaba el piano. Recuerdo haber lavado los platos y darme cuenta por primera vez de lo lento y pausado que

era. Lo cómico era que siempre que Karolyn quería que se hiciera rápido, ella lo hacía y los tenía listos en cinco minutos frente a mis veinte minutos, pues yo era muy perfeccionista. Recuerdo las cálidas imágenes de estar en la mesa a la hora de la cena y que la familia me abrazara de una manera muy apropiada y amorosa. Recuerdo la alegría de los viernes cuando, después de cenar, venían estudiantes universitarios a conversar. Eran tardes estupendas. Los recuerdos que perduran son los de estar en tu casa y formar parte de ese ambiente cómodo, sano y positivo. Prácticamente todas las demás épocas anteriores de mi vida fueron disfuncionales. Después de eso, maduré hasta convertirme en lo que creo que es una persona sana y bastante responsable.

Lo que procuramos transmitirle a John a través de esta experiencia de convivencia, quiero intentar comunicárselo por escrito. Intentaré ser lo bastante vívido como para que puedas percibir algunos de los olores y sentir algunas de las emociones que experimentamos todos. También ilustraré algunos de estos principios con las vidas de muchas otras familias que tuvieron la amabilidad de hablar conmigo sobre sus vidas a lo largo de los años. Espero que los poemas de Derek te ayuden a adentrarte en la experiencia. Aquí tienes sus reflexiones sobre un extraño entre nosotros.

Los ojos de un extraño sobre nosotros,
mirándonos a nosotros y a nuestro interior,
mientras la luz de la mañana cae a través de
las ventanas sobre la mesa del desayuno,
donde hacemos una pausa para orar...
Sus ojos permanecen abiertos, observando
para ver si es real: esta
familia se inclina ante otra comida.

PRIMERA PARTE

Familias que sirven

CAPÍTULO UNO

Del dolor al placer

UN VIAJE PERSONAL

¿Qué iba a descubrir John en nuestra familia? Esperaba que observara a personas que se preocupaban por servir, tanto entre sí como más allá.

Este fue el primer paso, dado años antes, para hacer que nuestro matrimonio pasara de estar marchito a prosperar. Llegué al matrimonio con la idea de que mi esposa me haría sumamente feliz, que satisfaría mis profundos anhelos de compañía y amor. Por supuesto, tenía la intención de hacerla feliz también, pero la mayor parte de mis sueños se centraban en lo feliz que sería yo cuando nos casáramos.

Seis meses después de casarme, me sentía más desdichado que en los últimos veintitrés años. Antes de casarme, soñaba con lo feliz que sería; ahora, mi sueño se había convertido en una pesadilla. Descubrí todo tipo de cosas que no sabía antes de casarnos. En los meses previos a la boda, soñaba con cómo sería la noche en nuestro apartamento. Podía visualizarnos a los dos sentados en nuestro pequeño apartamento. Yo estaría en el escritorio estudiando (estaba en la escuela de posgrado), y ella estaría sentada en el sofá. Cuando me cansara de estudiar, levantaría los ojos, nuestras miradas se encontrarían y se producirían vibraciones de calidez entre los dos. Después de casarnos, descubrí que mi esposa no quería sentarse en el sofá y verme estudiar. Si yo iba a estudiar, ella quería bajar y visitar a la gente del complejo de apartamentos, entablar nuevas amistades y aprovechar su tiempo para socializar. Me senté solo en nuestro pequeño departamento pensando: *Así era antes de casarnos*; la única diferencia era que estaba en una residencia universitaria, mucho más barata que este lugar. En vez de vibraciones de calidez, sentí el dolor de la soledad.

Antes de casarme, soñaba que todas las noches, alrededor de las diez y media, nos íbamos a la cama juntos. Ahh... acostarme con una mujer todas las noches a las diez y media. ¡Qué placer! Después de casarnos, descubrí que nunca se le había pasado por la cabeza acostarse con *nadie* a las diez y media todas las noches. Su ideal era llegar de la visita a eso de las diez y media y leer un libro hasta medianoche. Pensaba: *¿Por qué no leíste tu libro mientras yo leía el mío?* Entonces, podríamos irnos a la cama juntos.

Antes de casarnos, pensaba que todas las mañanas, cuando sale el sol, todos se levantaban. Después de casarnos, descubrí que mi esposa no era madrugadora. No tardé mucho para que no me agradara, y no pasó mucho para que yo no le agradara a ella. Conseguimos ser desdichados por completo. Con el tiempo, ambos nos preguntamos por qué nos habíamos casado. Parecía que no estábamos de acuerdo en nada. Éramos diferentes en todos los sentidos. La distancia entre nosotros crecía y nuestras diferencias nos dividían. El sueño se había esfumado y el dolor era intenso.

CÓMO SE TRANSFORMA LA GUERRA EN PAZ

Nuestro primer acercamiento fue un esfuerzo hacia la aniquilación mutua. Le señalaba sin rodeos sus defectos, y ella los míos. Conseguimos herirnos el uno al otro con regularidad. Sabía que mis ideas eran lógicas y que si me escuchaba, podríamos tener un buen matrimonio.

Ella percibía que mis ideas estaban fuera de la realidad y que si la escuchaba, podríamos encontrar un punto de encuentro. Ambos nos convertimos en predicadores sin público. Nuestros sermones caían en saco roto y nuestro dolor se agravó.

Nuestro matrimonio no mejoró de la noche a la mañana. No se agitó ninguna varita mágica. Nuestro matrimonio empezó a cambiar en un período de más o menos un año, varios años después de casarnos. Empecé a darme cuenta de que había abordado nuestro matrimonio con una actitud muy engreída y egocéntrica. En realidad, creía que si me escuchaba y hacía lo que yo quería, ambos seríamos felices; que si me hacía feliz, de alguna manera me encargaría de que fuera correspondida. Tenía la idea de que cualquier cosa que me hiciera feliz automáticamente, la haría feliz a ella. Me cuesta admitirlo, pero pasaba poco tiempo pensando en su bienestar. Mi atención se centraba en mi propio dolor, y en mis necesidades y deseos insatisfechos.

Mi búsqueda de una respuesta a nuestro doloroso dilema me llevó a reexaminar la vida y las enseñanzas de Jesús. Las historias que había escuchado de niño sobre cómo sanaba a los enfermos, alimentaba a los hambrientos, y hablaba con bondad y esperanza a los desamparados inundaron mi mente. Como adulto, ahora me preguntaba si había pasado por alto una verdad profunda en esos sencillos relatos. Con veintisiete horas de estudios académicos en idioma griego a mis espaldas, decidí explorar la vida y las enseñanzas de Jesús en los documentos originales. Lo que descubrí podría haberse descubierto con una simple lectura del texto en inglés. Su vida y enseñanzas se centraron en el servicio sacrificial a los demás. Una vez dijo: «No vine a ser servido, sino a servir». Es un tema que todos los grandes hombres y mujeres del pasado han afirmado. El mayor significado de la vida no se encuentra en recibir, sino en dar. ¿Podría este profundo principio marcar una diferencia significativa en mi matrimonio? Estaba decidido a averiguarlo.

SERMONEAR MENOS, HACER MÁS

¿Cómo respondería una esposa a un esposo que de veras procura servirla? ¿Descubrir sus necesidades y deseos, y tratar de satisfacerlos? Comencé de manera silenciosa y lenta a hacer algunas de las cosas que ella me había pedido en el pasado. A estas alturas, estábamos demasiado distanciados como para hablar de nuestra relación, pero podía optar por poner en práctica algunas de sus quejas anteriores. Empecé a fregar los platos sin que me lo pidiera. Me ofrecí para doblar la ropa. Me parecía que estas eran las clases de cosas que Jesús habría hecho si hubiera estado casado. Cuando me hizo peticiones concretas, decidí responder con alegría y, si era posible, hacerlas. En menos de tres meses, la actitud de Karolyn hacia mí empezó a cambiar. Salió de su caparazón de retraimiento y empezó a hablar de nuevo. Creo que se daba cuenta de que mis días de sermonear habían terminado y de que mi actitud ante la vida estaba cambiando.

Con el tiempo, la encontré haciendo pequeñas cosas que le había pedido en el pasado. Me tomaba de la mano cuando caminábamos en público, sonreía cuando yo intentaba hacer una broma, me tocaba al pasar junto a mi escritorio. Al poco tiempo, nuestra hostilidad desapareció y comenzamos a experimentar sentimientos positivos el uno hacia el otro. Recuerdo el primer día que pensé: *Quizá pueda amarla de nuevo*. Durante meses, no había tenido sentimientos de amor, solo dolor, sufrimiento, enojo, hostilidad. Ahora, todo eso parecía haber desaparecido y fue reemplazado por sentimientos afectuosos. Me encontré pensando que no me importaría volver a tocarla si pensara que me dejaría. No se lo iba a preguntar, pero pensé: *No me importaría si a ella no le importara*. Antes de la primavera, el pensamiento se había hecho realidad. Los sentimientos románticos renacieron y la intimidad sexual, que parecía tan lejana, se había hecho realidad. Habíamos cerrado el círculo. Ya no éramos enemigos que se sermoneaban el uno al otro; nos habíamos vuelto sensibles a los deseos del otro. Nuestras actitudes se habían convertido en la de servir en lugar de exigir. Y estábamos cosechando los beneficios de la intimidad.

Todo eso sucedió en lo que en este momento parece un pasado lejano. Ahora, estábamos aquí con dos hijos y un extraño. Habíamos tratado de enseñarles a nuestros hijos lo que creíamos que era uno de los ingredientes más importantes de una familia sana: una actitud de servicio. ¿Lo observaría John? ¿Podría descubrirla mediante la observación? A decir verdad, esperaba que sí.

CAPÍTULO DOS

Cómo sirven las familias

Cuando comencé a dirigir talleres sobre el matrimonio y la familia, usábamos un formato de viernes por la noche a sábado. Les pedía a las parejas que trajeran una bolsa de almuerzo los sábados. A menudo preguntaba, al final de la sesión del viernes por la noche: «¿Quién quiere traerme un almuerzo mañana?». De inmediato, se levantaban tres o cuatro manos.

¿Por qué estas personas se ofrecen de manera voluntaria y espontánea para llevarle un almuerzo a un desconocido? Lo más probable es que aprendieran la actitud de servicio cuando eran niños. Están deseosos de servir y encuentran satisfacción en ayudar a los demás. En una familia amorosa, esta actitud de servicio impregnará a toda la familia. Los miembros de la familia se servirán unos a otros y servirán más allá de la estructura familiar.

El crítico cultural y autor de superventas Bill Bennett enumera el «trabajo» como una de las diez principales virtudes[1]. Y la Biblia está llena de enseñanzas y ejemplos de diligencia y esfuerzo; solo el libro de Proverbios tiene docenas de versículos que abordan el trabajo (y la pereza). La mayoría de los historiadores coinciden en que la cultura occidental se construyó sobre la ética del trabajo. El trabajo se define como el esfuerzo físico y mental hacia el logro de alguna meta valiosa. Y el trabajo empieza en casa.

¿ALGUIEN PUEDE SACAR LA BASURA?

En la familia hay mucho trabajo por hacer. Hay que lavar la ropa, doblarla y quizá plancharla. Hay que hacer las camas, hay que preparar o comprar la comida y servirla (¿alguien cocina todavía?). Hay que tirar la basura, aspirar, barrer o fregar el suelo. Hay que cambiarles el aceite a los automóviles, hay que pagar las facturas, recoger el desorden y cuidar de las mascotas. Incluso con los jardines más pequeños de hoy en día, alguien tiene que cortar el césped, hacer funcionar el soplador de hojas o podar los arbustos.

La lista continúa. El trabajo parece no acabar nunca. Puede que hoy en día no tengamos tanto trabajo como en los días del lejano oeste y mucha gente contrata ayuda, pero todavía hay mucho trabajo que hacer. Con la mayoría de los esposos y más del cincuenta por ciento de las mujeres trabajando fuera de casa, los padres tienen un tiempo limitado para hacerlo todo. ¿Quién va a hacer el trabajo? Con suerte, la familia, toda la familia. En una familia de cualquier tamaño, hay suficiente trabajo para todos. «Cuantos más seamos, mejor», dice el viejo refrán, pero también suele ser cierto: «Cuanto más seamos, más desorden». La llegada de John a nuestra familia trajo más ropa que lavar, más comida que preparar, etc. Aun así, también trajo a otro trabajador a la piscina.

Si el trabajo es una virtud tan fundamental, todos los miembros de la familia deberían aprender a trabajar. Algunas familias ocupadas descuidan esta responsabilidad, pensando que es más importante que los niños realicen actividades como deportes que hacer las tareas del hogar. O, los padres razonan: «Es más fácil que lo haga yo mismo». Sin embargo, no les hacemos ningún favor a nuestros hijos al dejarlos libres. Podemos delegar tareas adecuadas para la edad, junto con una formación básica sobre cómo hacerlas. Cuando nuestro hijo, Derek, llegó a la etapa de cortar el césped (que, dicho sea de paso, es mi etapa favorita de la crianza de los hijos), siempre quería cortarlo de un lado a otro. Durante años, había cortado el césped en cuadrados, comenzando por el exterior y avanzando hacia el centro, lo que dejaba los recortes en un bonito y pequeño cuadrado en el medio del jardín, fácil de embolsar. Le expliqué mi estrategia eficiente a Derek, pero no sirvió de nada. Desarrolló una filosofía diferente: esparcir lo cortado y no tener que embolsarlo. Su patrón de ida y vuelta dejaba ligeros restos por el césped que en veinticuatro horas eran apenas visibles. Luché tratando de decidir lo que era más importante: mi método perfeccionista y eficiente o su creatividad, su individualidad. Opté por lo segundo. Me negué a convertirlo en un robot o un clon, y eso es difícil para un padre perfeccionista.

Tal vez estés pensando: *Entonces, hay trabajo por hacer y cada miembro de la familia debe compartir la carga. ¿Qué hay de nuevo?* «Una actitud de servicio» es mucho más que solo hacer el trabajo. En una familia saludable, los miembros tienen la sensación de que cuando hago algo en beneficio de otros miembros de la familia, estoy haciendo algo genuinamente bueno. Los individuos tienen un deseo interno de servir y un sentido emocional de satisfacción con el trabajo realizado para los demás. En una familia funcional en gran medida, se desarrolla el sentido de que el servicio a los demás es uno de los llamamientos más importantes de la vida.

Una familia sana tiene una actitud de servicio mutuo y del mundo fuera de las paredes de la familia. Lee las biografías de hombres y mujeres que vivieron vidas de servicio sacrificial a los demás y descubrirás que, en su mayoría, crecieron en familias que cultivaron la idea del servicio como algo virtuoso.

El escritor Philip Yancey señala que hacia el final de su vida, Albert Einstein quitó de su pared los retratos de dos científicos: Newton y Maxwell. Los sustituyó con retratos de Gandhi y Schweitzer. Einstein explicó que era hora de sustituir la imagen del éxito por la imagen del servicio[2].

NIÑOS QUE QUIEREN AYUDAR,
ADOLESCENTES QUE QUIEREN SERVIR

Es relativamente fácil fomentar la actitud de servicio que surge en el niño. Cuando un bebé se convierte en un niño pequeño, se transforma en un explorador a tiempo completo. Con el tiempo, el explorador se vuelve en constructor, y cuando el niño tiene cuatro años, el constructor cambia a un ayudante. La idea de servicio parece casi innata. Si al niño se le permite ayudar y se le anima a hacerlo, es probable que se convierta en un trabajador dispuesto hasta bien entrado el primer y segundo grado. Del tercer al sexto grado, la actitud de servicio de un niño recibirá una gran influencia de los ejemplos de su familia. Si los padres han hablado del servicio como una virtud y han ayudado al niño a descubrir maneras de servir a los miembros de la familia, y si al niño se le da afirmación verbal por tales actos de servicio, el niño seguirá encontrando satisfacción en servir hasta bien entrada la adolescencia.

En los maravillosos años que van de los trece a los dieciocho, se producirán cambios drásticos. Si el adolescente ha internalizado una actitud de servicio, se extenderá de muchas maneras más allá del círculo familiar. En la escuela, y quizá en la iglesia, esos adolescentes tendrán la tendencia a ser líderes que sirven. Dedicarán un tiempo considerable a ayudar a otros a lograr sus objetivos. Sin embargo, puede que no tengan tantas ganas de servir en casa. Es probable que pasen cada vez más tiempo lejos de la familia e incluso que muestren resistencia a las actividades familiares.

Están experimentando otro de los grandes impulsos de la vida: el de ser libres. De lo que se trata es de poner distancia entre los padres y el adolescente, espacio para crecer hacia la independencia. Las puertas de sus habitaciones estarán cerradas en lugar de abiertas (en realidad, una idea maravillosa para un padre perfeccionista). Se involucran en actividades fuera de casa. La opinión de los amigos puede ser más importante que la de los padres.

Todo este distanciamiento, y la renuencia a continuar en el modo de servicio en el hogar, suelen crear conflictos en la familia. En cambio, los conflictos no son síntomas de enfermedad; la forma en que afrontemos los conflictos revelará la salud de la familia. En una familia amorosa, los conflictos son de esperar. Reconocemos que las personas no siempre piensan y sienten de la misma manera. De seguro que los padres y los adolescentes no verán el mundo con los mismos ojos. Por eso no debe sorprendernos que surjan conflictos.

Las familias saludables aprenden a procesar los conflictos. En lugar de evitar los problemas, tratamos de ponerlos sobre la mesa. Se anima a los adolescentes a dar su punto de vista mientras los padres escuchan. En realidad, los padres intentan comprender lo que siente el adolescente, así como lo que dice. El adolescente, en cambio, escucha el punto de vista de los padres con oídos comprensivos. (¿Esto realmente sucede en algunas familias? Sí. Ocurre donde hay un alto nivel de seguridad en la familia).

Contrario a lo que se piensa en la actualidad, los adolescentes quieren límites. «¿Ya no hay nadie que defienda algo?», preguntó un joven de quince años. «Todo el mundo parece aceptar cualquier cosa, dada la situación adecuada. Me gustaría que los adultos nos orientaran más. ¿No han aprendido algo durante su vida que nos ayudaría a evitar algunos baches?». Los límites crean fronteras, y las fronteras dan sensación de seguridad. La seguridad crea una atmósfera donde los adolescentes pueden aprender y crecer. Por lo tanto, cuando el adolescente llega a la etapa de búsqueda de libertad y puede comenzar a olvidar el papel de servicio en la familia, los padres deben respetar su deseo de ser independiente, pero recordarle que las personas siempre son interdependientes y que servir a los demás no solo es una parte necesaria de la vida familiar, sino de toda la vida.

Tanto los adultos como los jóvenes se sienten atraídos por el joven o la joven que se desvive por servir a los demás. Hace algunos años, cuando dirigía el ministerio de extensión universitaria de nuestra iglesia, me encontré con cuatro jóvenes que asistían a la Universidad de Carolina del Norte. Habían conseguido trabajos de verano en nuestra ciudad y habían comenzado a asistir a algunas de nuestras actividades para estudiantes universitarios. Más tarde descubrí que todos vivían en un pequeño apartamento con el fin de ahorrar la mayor cantidad de dinero posible durante el verano. Llevaban asistiendo solo un par de semanas a actividades cuando los cuatro se me acercaron y uno de sus miembros más locuaces me dijo que habían decidido «conectarse» a nuestra iglesia durante el verano y que querían ofrecer sus servicios. Estarían encantados de servir en cualquier puesto que les sugiera. Suponiendo que fueran como muchos estudiantes universitarios de esa época, siempre pensando en el currículum, pensé que se ofrecerían como voluntarios para puestos de liderazgo en nuestros programas de verano. Después de todo, de seguro que ser «director voluntario» del programa Building Bridges to Youth [Construyendo Puentes hacia la Juventud] impresionaría a un futuro empleador.

Les expresé mi agradecimiento por su espíritu voluntario, pero les informé que teníamos que planificar nuestros programas de verano en invierno y que todos nuestros puestos de liderazgo voluntario ya estaban asignados. Su amable portavoz respondió enseguida:

—No, no. No estamos interesados en posiciones de liderazgo; hablamos de servicio.

—¿Puedes darme algunos ejemplos de lo que tienen en mente? —le pregunté.

—Estábamos pensando que tal vez podría necesitar a alguien para lavar los platos después de la cena del miércoles o quizá limpiar los hornos o los pisos. Cualquier cosa —dijo sin vacilar—. Solo queremos servir.

—Ah, bueno, en ese caso —dije—, creo que tenemos muchas vacantes.

A lo largo de ese verano, no solo lavaron platos, limpiaron hornos y pisos, sino que también lavaron autobuses, cortaron el césped y limpiaron baños. Las personas que estuvieron activas en nuestra iglesia ese verano nunca han olvidado a «los chicos de Carolina». Es más, su «actitud de servicio» influyó en toda la dirección de nuestro ministerio universitario desde ese verano en adelante.

No todo el servicio estará dirigido a las personas. Por ejemplo, a muchos jóvenes les encanta ayudar a los animales. Elizabeth, una estudiante de secundaria, me habló de su pasión por ayudar a los animales con problemas. La encontré junto a un lago comunitario entablillando la pata de un pato. Un auto que pasaba por el lugar atropelló al pato y Elizabeth acudió al rescate. A todos nos impresionan y animan los jóvenes que «adoptan» un tramo de carretera o se involucran en los esfuerzos por aliviar la pobreza en África. Por lo general, estos jóvenes suelen aprender su actitud de servicio en el hogar.

CÓMO SIRVEN LOS ADULTOS

La independencia de la edad adulta es a menudo el terreno del que surge el auténtico servicio a los demás. Los adultos deciden tener hijos, sabiendo que esa decisión implica veinticuatro meses de pañales, cinco años de baño, dos años de lactancia o biberón, alimentación con cuchara, poner 308 curitas (en algunos niños, al menos esa cantidad cada año), asistir a un mínimo de 220 partidos de pelota, cocinar innumerables comidas, sacrificarse para pagar la matrícula universitaria y otros mil actos de servicio. Sin embargo, elegimos libremente tener hijos. Y algunas parejas suelen optar por adoptar un niño al que otra persona no puede servir.

El servicio a los demás es el pináculo más alto que la humanidad jamás haya escalado. La mayoría de las personas que han estudiado su vida de cerca están de acuerdo en que Jesucristo se situó en la cima de la grandeza cuando tomó una palangana y una toalla y realizó el humilde acto de lavarles los pies de sus discípulos. Eliminó toda duda en cuanto a su intención cuando dijo: «Pues, si yo, el Señor y el Maestro, les he lavado los pies, también ustedes deben lavarse los pies los unos a los otros. Les he puesto el ejemplo, para que hagan lo mismo que yo he hecho con ustedes [...]. ¿Entienden esto? Dichosos serán si lo ponen en práctica»[3]. En otra ocasión, les dijo a sus discípulos: «El que quiera hacerse grande entre ustedes deberá ser su servidor»[4].

Es una gran paradoja: el camino hacia arriba es hacia abajo. La verdadera grandeza se expresa en servir, no en dominar. Ningún padre desafía a sus hijos a ser como Hitler, mientras miles siguen desafiando a sus hijos a ser como Jesús. El servicio es una señal de grandeza.

¿Qué observó John, nuestro antropólogo residente, en nuestra familia? Vio a Karolyn, que de seguro no es una persona madrugadora, levantarse cinco días a la semana y preparar un desayuno caliente para la familia, un acto de servicio al nivel de la madre Teresa. (Si eres una persona madrugadora, no entenderás esto). Este sacrificio matutino no nació de una compulsión. No era algo que le exigiera, ni siquiera esperara, aunque lo disfrutaba sin ningún reparo. Cuando Shelley, nuestra primogénita, llegó a la edad escolar, a Karolyn se le ocurrió la idea de que los niños necesitaban un desayuno caliente antes de la escuela y que esta sería una de sus formas de servir a la familia. Lo veía como un medio de expresarle gratitud a Dios por el regalo de los hijos. Creo que fue una noble expresión de su actitud de servicio.

Al cabo de doce años, Shelley fue a la universidad justo cuando Derek ingresaba en el instituto. El desayuno caliente continuó cuatro años más hasta el día en que Derek se despidió y salió a ampliar su mente con filosofía, inglés y estudios religiosos. Entonces, terminó una era de manera tan silenciosa como empezó dieciséis años antes. Volví a comer cereales fríos, toronjas y plátanos, que en esa época me sentaban mucho mejor. Incluso ahora, cuando los hijos vuelven a casa después de sus ocupaciones de adultos, hablan de esos desayunos calientes y del grato recuerdo que les traen. El recuerdo se mantiene una vez al año cuando, en la mañana de Navidad, Karolyn vuelve a la cocina y repite ese antiguo ritual de servicio.

¿Qué efecto tuvo todo esto en John? Aquí tienes lo que dijo años después:

No creo que lo apreciara tanto entonces como lo hago ahora, que soy mayor y tengo un sentido más marcado del sacrificio en la familia, pero por lo que experimenté personalmente, ustedes me hicieron parte de la familia. No me sentí como un huésped. No me sentí como una añadidura ni un apéndice. Sentí que formaba parte de la familia. Los admiraba a ti y a Karolyn casi de un modo paterno-materno. Me sentía como un hermano mayor para Shelley y Derek. En un sentido más amplio, hubo una actitud de sacrificio al permitirme entrar en la familia. Al ser una intromisión, introduce una dinámica diferente en el hogar. No tenía idea del costo de eso entonces. Siempre sentí que tú y Karolyn tenían tiempo para mí cuando quería hablar de cualquier cosa. Ambos estaban muy ocupados y activos, pero siempre sentí que había libre acceso y nunca percibí que fuera una imposición para mí pasar tiempo hablando con ustedes. Recuerdo las Navidades, cuando Shelley y Derek me hicieron un regalo, y eso fue muy bonito. Vi a la familia sirviéndose los unos a los otros.

En una familia saludable, esta actitud del valor de ayudar a los demás sirve como el aceite que lubrica las ruedas de la vida familiar. Sin esa actitud, las cosas se estropean y la vida familiar se estanca. Con ella, la familia florece. Derek capta algo del ambiente que se crea con los actos de servicio.

EL SERVICIO DEL AMOR

En esta mañana, en mis recuerdos,
escucho campanillas melódicas que cuelgan
de la puerta de su dormitorio.
Algo canta antes de que despertemos:
Es el cielo de Carolina que se cuela
por mi ventana. Afuera,
los perros y las ardillas abren
sus ojos a la mañana.
Medio despierto, escucho
la voz lejana de la madre
haciendo el milagro del tocino, de la galleta;
las fragancias del día
llaman desde la cocina.
Las tiernas palmadas del padre ya
examinan la verdad del desayuno de hoy,
la hermana tocando las escalas de Chopin
en el corazón dormido del hermano.
Y el destello retumbante de la madre
elevando la melodía del tocino chisporroteante,
los huevos revueltos y los prometedores panecillos
a un nuevo tono...
El dolor de levantarse temprano para alimentar
bocas entreabiertas, para alimentar
corazones abiertos aún a medias, para que poco a poco,
a través de una mañana sencilla e intensa,
despertar dones en nosotros, revivir en nosotros
este coro duradero.

Para más información sobre cómo tú y tu familia pueden desarrollar una actitud de servicio, consulta el código en la página 185 para acceder a la Family Adventure Guide [Guía de aventuras familiares] en **www.5lovelanguages.com/5traits.** Esta guía tiene como objetivo ayudarte a poner en práctica las características saludables que se analizan en este libro. Encontrarás una serie de evaluaciones, cosas en las que pensar y oportunidades para profundizar en el tema.

SEGUNDA PARTE

Esposos y esposas que se relacionan de manera íntima

CAPÍTULO TRES

Nuestro anhelo de cercanía

Cuando dijimos «Sí, quiero», pusimos nuestros nombres en la línea de puntos debido a que deseábamos unir nuestras vidas en un sueño común de felicidad. Teníamos la intención de mantener la relación abierta y afectuosa que surgió de nuestra experiencia de noviazgo. En resumen, esperábamos *intimidad*. Sin embargo, para muchas parejas, cuando el subidón emocional de la obsesión del «enamoramiento» se desvanece, la intimidad se vuelve esquiva. Muchos incluso descubren que tienen ideas diferentes sobre lo que es la intimidad.

Casi había terminado la segunda sesión de consejería con una pareja cuando el esposo me miró y dijo: «Si pudiéramos enderezar nuestra vida sexual, todo lo demás iría bien, pero cuando no tenemos relaciones sexuales, siento que ella no se preocupa por mí en lo absoluto, y no puedo seguir así para siempre». Ahí está, lo había dicho. Estaba sobre la mesa. Sabía que se sentía aliviado. Como consejero, me animó que expresara sin rodeos su necesidad por intimidad sexual.

En ambas sesiones, su esposa había estado diciendo cosas como: «Ya no hacemos nada juntos; él siempre está fuera. Solíamos hacer cosas los dos. Nuestra comunicación es casi inexistente. Nunca hablamos. No entiende mis sentimientos. Cuando intento decirle mis luchas, me da una respuesta rápida y sale de la habitación». Lloraba por intimidad emocional.

El hecho de que estuvieran en mi oficina indicaba que estaban muy preocupados por su matrimonio. Sabían que las cosas no estaban bien entre ellos. En realidad, ambos querían intimidad, pero se centraban en diferentes aspectos de la intimidad: él, en la intimidad física, y ella, en la intimidad emocional. Estas diferencias no son infrecuentes. La tragedia es que muchas parejas han pasado años condenándose el uno al otro por no proporcionar la intimidad que desean y han fracasado a la hora de aprender a crear dicha intimidad. Esta sección está diseñada para ayudarte a comprender la suma importancia de la intimidad conyugal y ofrecerte formas prácticas de alcanzarla.

«HUESO DE MIS HUESOS»

La palabra en castellano para intimidad procede del latín *intĭmus*, que significa «lo más interior». Por lo tanto, la intimidad implica que dos personas abran su interior a la otra. Es entrar en la vida de cada uno de manera emocional, intelectual, social, física y espiritual. Es conectarse al nivel más profundo posible en todos los ámbitos de la vida. La intimidad va acompañada de un sentimiento de amor y confianza. Creemos que la otra persona tiene en cuenta nuestros mejores intereses; así, podemos abrirnos sin miedo a que lo que contamos o dejamos ver se utilice en nuestra contra.

El deseo de intimidad entre un hombre y una mujer es tan antiguo como el género humano. El libro del Génesis muestra a Dios creando a la mujer a partir de una costilla del hombre. Cuando el hombre despertó de un sueño profundo y vio a la mujer que le creó Dios, dijo: «Esta sí es hueso de mis huesos y carne de mi carne. Se llamará "mujer" porque del hombre fue sacada»[1]. Allí estaba ella, otra como él, pero con diferencias únicas, más parecida a él que cualquier cosa que hubiera visto y, sin embargo, era obvio que diferente, separada de él y, aun así, relacionada con él. Algo profundo en él respondía a algo profundo en ella. No era un encuentro superficial. Se trataba

Nuestro anhelo de cercanía

de lo profundo respondiendo a lo profundo. Era el corazón de la humanidad respondiendo a otro corazón humano, otro que estaba más cerca de él que todo lo demás en el universo.

Estas dos realidades, semejanza y diferencia, son la materia prima de la intimidad humana. Sin ellas, no podría haber intimidad. El hombre y la mujer son individuos distintos y, sin embargo, están relacionados entre sí de manera física, emocional, intelectual y espiritual. Hay algo en el hombre que clama por la mujer y algo en la mujer que anhela la compañía del hombre. Negar nuestras similitudes es negar nuestra humanidad básica. Negar nuestras diferencias es un esfuerzo inútil por refutar la realidad. En un matrimonio sano, nuestro objetivo nunca es la competencia, sino la cooperación. Encontramos en el otro un lugar de descanso, un hogar, un pariente, alguien con quien estamos relacionados de forma profunda y exclusiva.

La intimidad sexual es un aspecto de la unidad. Sin embargo, los aspectos emocionales, intelectuales y espirituales de la vida no pueden separarse del físico. Este fue el error de la pareja que estaba sentada en mi oficina: él quería intimidad sexual; ella suplicaba cercanía emocional, pero ninguno de los dos reconocía que pedían lo mismo. Querían sentirse cerca el uno del otro, sentirse aceptados, sentirse amados. Se centraban en aspectos diferentes de una misma realidad.

En un matrimonio saludable, la pareja llega a comprender que su deseo de intimidad forma parte de lo que son. Es una de las razones por las que se casaron. La mayoría de las parejas pueden recordar un período de su relación en el que hablaban de estar «enamorados». Experimentaron una profunda sensación de cercanía. Todo empezó con una atracción física y emocional mutua a la que le llamo «el hormigueo». Los hormigueos son los que nos motivan a tener citas. El único propósito del fenómeno de las citas es «conocerse», que no es más que otra expresión para referirse a la intimidad. Cuando la «etapa del enamoramiento» se desarrolla por completo, tenemos un sentido de pertenencia mutua. Sentimos que de alguna manera estábamos hechos el uno para el otro. Experimentamos la voluntad de ser francos y sinceros, de contar nuestros secretos más profundos. Sentimos en nuestro corazón que nos amaremos para siempre, que queremos la felicidad del otro por encima de todo y que nuestra propia felicidad depende de estar con esta persona para siempre. Esta profunda sensación de intimidad es la que nos da el valor de comprometernos en matrimonio para toda la vida. (La experiencia del enamoramiento se analiza con más detalle en el capítulo 1 de mi libro *Los cinco lenguajes del amor*[2]).

UN MURO DE DECEPCIONES

Jennifer estaba llorando cuando le entregué la caja de pañuelos desechables de mi aparador.

—En realidad, no lo entiendo —dijo—. Antes de casarme, me sentía muy cerca de Roberto. Lo compartíamos todo. Era muy amable, tierno y comprensivo. Me escribía poemas y me regalaba flores, pero ahora todo eso se acabó. Ya no lo conozco. No es el hombre con el que me casé. Ni siquiera podemos hablar sin discutir. Parecemos muy distantes. Sé que debe ser tan desdichado como yo. Sé que no es feliz.

¿Qué le sucedió a la intimidad entre Jennifer y Roberto? La respuesta es tan antigua como la propia creación. El Génesis describe los inicios de la relación entre la primera mujer y el primer hombre: «En ese tiempo el hombre y la mujer estaban desnudos, pero no se avergonzaban»[3]. Hombre y mujer desnudos sin vergüenza. Es una imagen gráfica de la intimidad conyugal. Dos personas distintas, iguales en valor, con una profunda relación emocional, espiritual y física; transparente por completo, sin miedo a conocerse. Es el tipo de franqueza, aceptación, confianza y entusiasmo al que aspira toda pareja casada.

Sin embargo, unas páginas más adelante leemos que el mismo hombre y la misma mujer cosieron hojas de higuera y se cubrieron después de haber desobedecido a Dios. Se escondieron de Dios y el uno del otro. Ahora había motivos para avergonzarse.

Experimentaron el miedo, y el hombre y la mujer ya no podían tolerar la desnudez. La culpa era demasiado intensa; la vergüenza era insoportable. La intimidad se vio empañada. Lo primero que hizo Adán fue culpar a Eva, y ella a su vez culpó a la serpiente. Antes de que terminara el día, Dios les anunció las consecuencias de su pecado, les hizo ropas de pieles de animales para cubrirse y los expulsó del hermoso jardín. Ahora el paraíso es solo un recuerdo, y el dolor es una realidad.

La mayoría de las parejas solo sueñan con la intimidad perfecta del Paraíso. Puede que comencemos la vida matrimonial con un grado relativamente alto de intimidad, pero en algún momento sustituimos la intimidad con el aislamiento.

¿Cómo se produce esta pérdida de intimidad? Muchas parejas lo describen como un muro que se levanta entre ellos. Permíteme sugerirte que un muro siempre se construye bloque a bloque. Quizá puedas recordar un episodio como el siguiente en las primeras semanas de tu matrimonio. Matt y Emily llevaban solo un mes de casados. Todo iba bien hasta el jueves por la noche, cuando Matt colgó el teléfono y le dijo emocionado a Emily:

—¿Adivina qué? Era Dave. Vamos a ir al partido del sábado.

—¿Cómo dices? Creía que habíamos quedado en que íbamos a trabajar en casa este fin de semana. Ibas a ayudarme con algunas cosas —le respondió Emily.

—Pero...

—Estás casado. ¿Recuerdas? Dave no. A él no le importa. Matt, ya no puedes recoger e irte con los chicos.

Esta experiencia fue como poner un bloque en un muro entre los dos. Sin embargo, en esa época todavía estaban «enamorados», así que superaron el dolor y la decepción. A unos días, todo volvió prácticamente a la normalidad. Lo superaron, pero el bloque seguía ahí. Dos meses después, hubo otra experiencia y otro bloque, y luego otro y otro. En poco tiempo, se levantó un muro que Matt y Emily nunca tuvieron la intención de construir. La intimidad había desaparecido y estaban separados por un muro de decepciones.

¿Cómo puede una pareja recuperar la intimidad? La respuesta es sencilla, pero no fácil: hay que derribar el muro. Uno debe acercarse al otro y decirle: «He estado pensando en nosotros y me he dado cuenta de que el problema no solo es tuyo. He estado recordando nuestro matrimonio y pensando en las veces que te he fallado. Recuerdo unas cuantas. Me gustaría recordártelas y pedirte que me perdones».

En el momento en que estás dispuesto a admitir tus fallos y pedir perdón, el muro de tu lado se derrumba. Si tu cónyuge decide perdonarte y, a su vez, reconoce sus fallos, el muro se derriba en ambos lados y la intimidad regresa casi de inmediato. Para mantener el muro derribado, debemos practicar el reconocimiento de nuestros errores lo más rápido posible después que ocurran. Nadie es perfecto. De vez en cuando decepcionaremos a nuestro cónyuge, pero si estamos dispuestos a reconocer nuestros fallos y pedir perdón, podemos mantener los muros derribados.

HABLAR, ESCUCHAR, ENTENDER

Una vez derribados esos muros, todavía tenemos que trabajar para construir la intimidad. No «obtenemos intimidad» y la guardamos como un tesoro por el resto de la vida. La intimidad es fluida, no estática, y surge de una comunicación abierta, sincera y continua. La comunicación implica dos elementos simples: la autorrevelación, en la que uno le cuenta al otro algo de sus pensamientos, sentimientos y experiencias mientras el otro recibe esta autorrevelación como información y trata de entender lo que la primera persona piensa y siente. El segundo, a su vez, revela sus propios pensamientos, sentimientos y experiencias mientras el otro escucha y trata de entender. El simple proceso de hablar y escuchar mantiene la intimidad.

No sabemos leer la mente. Podemos observar el comportamiento de nuestros cónyuges, pero no sabemos los pensamientos, sentimientos y motivos que se esconden detrás de ese comportamiento. Podemos observar al otro llorar, pero no sabemos lo que produjo las lágrimas. Podemos ver el comportamiento enojado del otro, pero no sabemos de manera innata lo que provocó el furor. Solo en la medida en que nos revelamos el uno al otro podemos seguir teniendo sentimientos de intimidad mutua. ¿Por qué esta sencilla habilidad humana de hablar y escuchar resulta tan difícil en el contexto del matrimonio? Cuando éramos novios, parecíamos expertos en la comunicación. Pasábamos horas hablando y escuchando, revelando los secretos más íntimos de nuestro pasado y expresando nuestros sentimientos de forma abierta y a veces incluso poética. ¿Por qué esta capacidad de comunicarse se vuelve tan difícil después del matrimonio? Además de los bloques que permitimos que nos dividan, hay otras razones por las que no conseguimos comunicarnos en un nivel emocional íntimo.

OCULTAR NUESTRAS EMOCIONES

La mayoría de las parejas seguirán hablando a nivel logístico en las cuestiones básicas mucho después que la intimidad emocional desaparezca. ¿A qué hora debo recoger a los niños? ¿Cuándo empieza la reunión? ¿Vamos a comer fuera o en casa esta noche? ¿A qué hora viene el tipo del horno? ¿Pagaste la factura de Visa? Voy a pasear al perro. Este nivel de discusión sobre información objetiva puede continuar, y a menudo continúa, mucho tiempo después que termine la intimidad emocional, intelectual, espiritual y sexual. Sin embargo, la intimidad no se fomenta con conversaciones tan superficiales. La intimidad tiene sus raíces en expresar nuestras pasiones, emociones, pensamientos, experiencias, deseos y frustraciones. ¿Qué obstaculiza el libre flujo de comunicación en este nivel emocional más profundo? Permíteme sugerirte algunos obstáculos comunes.

Una de las razones por las que no hablamos de nuestros sentimientos es que no estamos en contacto con ellos. Por la razón que sea, a algunos de nosotros nos han entrenado para negar nuestras emociones. Tal vez alguien nos hizo creer que nuestras emociones no eran aceptables. Nunca vimos a nuestro padre mostrar tristeza o debilidad, solo un silencio estoico. Nuestra madre decía: «Mira siempre el lado bueno». Una abuela dijo: «Los niños grandes no lloran». El miedo, el negativismo, la mención de lo que pensábamos o nos preguntábamos de veras: estas cosas se desalentaban mientras crecíamos.

Para otros, el profundo dolor emocional experimentado en la infancia ha teñido su realidad adulta. El dolor de la separación de los padres, el recuerdo de abusos físicos o sexuales, el dolor por la muerte prematura de uno de los padres: estas y otras experiencias de dolor emocional nunca se procesaron en la niñez. Los sentimientos yacen profundamente ocultos dentro de la persona. Hace años, la persona dejó de sentir porque el dolor era muy intenso. Separó su vida intelectual de su vida emocional y ya no está en contacto con lo que siente. Cuando le preguntas a esta persona: «¿Cómo te sientes por el cáncer de tu hermana?», su respuesta será: «No siento nada. Solo espero que se ponga bien». No elude la pregunta. Sin más, no está en contacto con el lado emocional de su humanidad. Para que esta persona encuentre salud y curación, es probable que necesite la ayuda de un consejero capacitado. De nada sirve que el cónyuge le condene por no hablar de sus emociones.

La segunda razón por la que somos reacios a hablar de nuestras emociones es que le tememos a la respuesta de nuestro cónyuge. Podemos temer que condene nuestros sentimientos, que nos diga que no debemos sentirnos así, que se enoje con nosotros o que nos rechace. La razón de nuestro miedo puede estar arraigada en experiencias que hemos tenido con nuestro cónyuge o puede estar arraigada en nuestra experiencia en la infancia. Este miedo actúa como un obstáculo importante para la intimidad emocional. Para superar esos miedos, primero debemos reconocerlos y pedir una oportunidad para admitirlos. Solo cuando los enfrentamos sin reservas, somos capaces de superarlos.

Otra razón por la que algunas personas no hablan más acerca de las emociones es que nunca lo hicieron en el pasado. «Tenemos un buen matrimonio, pero nunca hemos hablado mucho de nuestros sentimientos. ¿Por qué deberíamos empezar ahora?». Por lo general, la persona que hace tal afirmación procede de una familia donde las emociones no se admitían sin reservas. El mensaje era claro: aquí uno no habla de sus sentimientos, en especial si crees que otros los encontrarán censurables. Así que la persona se las arregló para vivir sin expresar sus emociones. Por consiguiente, todo su matrimonio se ha estructurado con poca apertura en el aspecto emocional. La idea de hacer algo diferente asusta un poco. Sin embargo, hablar de las emociones es una forma necesaria de construir una intimidad más profunda en una relación. Y sí, la intimidad emocional influye en la intimidad sexual. Nunca podremos separarlas con éxito.

Hay una razón adicional por la que algunas personas no hablan de sus emociones con sus cónyuges: «No quiero abrumar a mi cónyuge con mis luchas emocionales». Tal afirmación parece afectuosa en la superficie, y es posible que la persona esté velando por los intereses de su cónyuge. Hay momentos en los que nuestros cónyuges pueden estar sometidos a tanto estrés que puede que no sea prudente que hablemos de nuestras emociones, en especial si nuestras emociones son negativas. Puede que necesitemos escucharles cuando hablan de sus emociones, a fin de darles apoyo emocional en lugar de agobiarles aún más con nuestros propios problemas. Sin embargo, en una relación sana, la conversación sobre las emociones debe ser una vía de doble sentido. Si no expresamos nuestros sentimientos negativos de dolor y decepción, ¿cómo podrá el otro darnos apoyo emocional? Le negamos a nuestro cónyuge la oportunidad de intimar con nosotros y participar en nuestras luchas.

Esta expresión del ser interno es el conjunto de hilos con el que tejemos la intimidad conyugal. Es lo que pensábamos que teníamos cuando nos casamos. Es lo que queríamos tener para toda la vida. Sin ella, toda la relación parece desvanecerse. Esto es de suma importancia para una familia amorosa. Satisface los anhelos internos de la pareja y, si hay niños en la familia, sirve como el mejor ejemplo positivo de lo que es la familia.

Dado que el deseo de intimidad conyugal está arraigado de manera tan profunda en nuestra psique, afecta en gran medida a todos los demás aspectos de la vida familiar. En primer lugar, afecta la forma en que el marido y la mujer se tratan entre sí. Después, influye en la forma en que ambos se relacionan con los hijos. Cuando existe intimidad entre marido y mujer, el resultado será un entorno saludable y propicio para la crianza de los hijos. Cuando no existe, los niños crecerán en una zona de batalla y pueden llevar las cicatrices durante toda la vida.

El tiempo y el esfuerzo dedicados a desarrollar la intimidad en tu matrimonio es tiempo sabiamente invertido para la salud física y emocional de tus hijos. Es más, pocas cosas darán mejores resultados para tus hijos. La intimidad entre el marido y la mujer genera seguridad en la vida del niño. Hay algo profundo dentro del niño que dice: «Así es como debe ser».

CAPÍTULO CUATRO

Cinco pasos hacia la intimidad

No nos casamos para encontrar una manera conveniente de hacer la comida, fregar los platos, lavar la ropa, hacer recados y criar a los hijos. Nos casamos por un hondo deseo de conocer y ser conocidos por otra persona, de amar y ser amados, de vivir la vida juntos, creyendo que así podríamos experimentar la vida de forma más profunda que separados.

¿Cómo se convierte este elevado y a veces etéreo objetivo en algo que podemos vivir de día en día? Es útil observar los cinco componentes esenciales de una relación íntima.

Número 1: Nos expresamos los pensamientos (intimidad intelectual).

Número 2: Hablamos de nuestros sentimientos (intimidad emocional).

Número 3: Pasamos tiempo los dos y hablamos del tiempo que hemos pasado separados (intimidad social).

Número 4: Abrimos nuestra alma el uno al otro (intimidad espiritual).

Número 5: Compartimos nuestros cuerpos (intimidad física).

En la vida cotidiana, estos aspectos nunca pueden segmentarse en cinco casilleros distintos, pero a efectos de aprendizaje, los examinaremos por separado.

«¿QUÉ OPINAS?»:
ENTENDAMOS LA INTIMIDAD INTELECTUAL

Cuando estamos despiertos, vivimos en el mundo de la mente. Estamos constantemente pensando y tomando decisiones basadas en esos pensamientos. Desde el momento en que nos levantamos, la mente está activa. Toma las imágenes, los sonidos y los olores que nos llegan a través de los sentidos y les atribuye significado. Con el primer suave zumbido del despertador, la mente nos anima a levantarnos (o a dormir otros cinco minutos). Miramos en el refrigerador y vemos que se acabó la leche y decidimos si nos comemos los cereales en agua o nos comemos un dónut de camino a la oficina. Pensamos, interpretamos, decidimos... todo en el ámbito de la mente. Nadie más sabe lo que pasa por nuestra cabeza. Esto sucede durante todo el día (¡no es de extrañar que a veces tengamos dolores de cabeza!). Además de procesar lo que experimentamos a través de los cinco sentidos, la mente también tiene la capacidad de vagar. Mientras se realiza un proyecto, en especial si es un proyecto de rutina, la mente puede visitar el Gran Cañón, el pico Pikes, la calle Lombard o la estación Beacon Hill. En la mente, podemos atravesar continentes en milisegundos. Podemos ver caras y oír voces que solo existen en nuestra memoria.

La mente también está llena de deseos. El deseo nos motiva a caminar hasta la máquina de café o a conectarnos a internet y reservar un viaje a través del país. Un deseo se basa en la idea de que al conseguir algo o al hacer algo, encontraré placer o lograré algo de valor. Estas ideas, llamadas deseos, motivan gran parte del comportamiento humano. Así, la mente opera (todo el día, todos los días) llena de pensamientos. Lo mismo ocurre con tu cónyuge. Cada uno de ustedes vive dentro de sus mentes. Ya sea que estén en la misma habitación o a kilómetros de distancia, sus mentes están activas con pensamientos.

Si queremos tener intimidad, debemos optar por revelarnos algunos de estos pensamientos el uno al otro. Es evidente que debemos ser selectivos. La posibilidad de expresar todos los pensamientos es absurda. ¡La vida no es tan larga! Por otro lado, la decisión de no contarle nada al otro asegura la muerte de la intimidad. Gran parte de nuestra vida transcurre en el mundo de la mente, de modo que si dedicamos tiempo para contar algunos de nuestros pensamientos, nuestras interpretaciones de los acontecimientos de nuestra vida ese día y los deseos con los que hemos vivido, experimentaremos intimidad intelectual.

Cuando hablo de intimidad intelectual, no me refiero a expresar pensamientos muy técnicos ni los llamados intelectuales. Lo importante es hablar de tus pensamientos. Pueden ser pensamientos centrados en las finanzas, la política, la comida, la raza, la salud o la delincuencia, pero son tus pensamientos. Revelan algo de lo que ha pasado por tu mente a lo largo del día. Cuando dos mentes se vinculan, se crea una intimidad intelectual. Esas mentes no contienen los mismos pensamientos ni perspectivas sobre lo vivido, y esa es la genialidad de la intimidad intelectual. Tenemos el gran placer de aprender algo de los movimientos internos de la mente de nuestro cónyuge. Esa es la esencia de la intimidad intelectual.

PERMITE QUE EL OTRO ENTRE A TU MUNDO: ENTENDAMOS LA INTIMIDAD EMOCIONAL

Los sentimientos son nuestras respuestas emocionales espontáneas a lo que percibimos a través de los cinco sentidos. Escucho que el hijo de un amigo está enfermo y me siento triste. Veo el camión de bomberos corriendo por la carretera y me siento preocupado. Tocas mi mano y me siento amado. Veo tu sonrisa y me siento animado.

Durante el día entero, todos los días, la vida está llena de sentimientos. Pones tu dólar en la máquina de bebidas y no recibes ninguna bebida (ni cambio). ¡Tienes sentimientos! Te informan que la empresa para la que trabajas va a reducir su plantilla. ¡Tienes sentimientos! Tu cónyuge llama para decirte que le dieron un ascenso en el trabajo. Tu hijo de secundaria discute contigo. Tu vida interior está llena de sentimientos, pero nadie los ve. Es posible que vean cierto comportamiento motivado por tus sentimientos, pero no pueden ver tus sentimientos. Te ven reír, pero no saben por qué. Ven el ceño fruncido, pero solo tienen, en el mejor de los casos, una idea parcial de lo que lo motivó.

La *conversación* sobre las emociones es lo que construye la intimidad emocional. Le permites a otra persona que entre en tu mundo interior de sentimientos: estar dispuesto a decir «Siento mucho miedo en este momento» o «Esta noche estoy muy feliz». «Me sentí muy animado cuando escuché...». «Anoche me sentí muy avergonzado por...». «La mejor manera que conozco para describir mis sentimientos es diciendo que me siento herido». Estas son declaraciones de autorrevelación. Al hacer tales declaraciones, decidimos tener intimidad con nuestros cónyuges, revelarles algo de lo que sucede en nuestro mundo emocional.

Aprender a hablar de las emociones puede ser una de las experiencias más gratificantes de la vida. Esta conversación requiere una atmósfera de aceptación. Si tengo la seguridad de que mi cónyuge no condenará mis sentimientos ni intentará refutarlos o cambiarlos, es mucho más probable que hable al respecto. Si una esposa dice: «En realidad, me he sentido deprimida en estos dos últimos días», y su esposo le responde: «¿Por qué deberías sentirte deprimida? Con lo fácil que es tu vida, ¿cómo podrías estar deprimida?». Le resultará difícil explicarle sus sentimientos la próxima vez. Sin embargo, si acepta sus emociones y le dice: «Lamento oír eso. ¿Por qué no me lo cuentas?», y escucha con atención mientras le habla más sobre sus sentimientos, creará un ambiente en el que ella hablará de corazón con él. Esta sensación de seguridad, en la que sabemos que nuestro cónyuge recibirá lo que decimos y no nos condenará ni avergonzará por sentirnos así, facilita que hablemos de nuestros sentimientos.

Hablar de sentimientos positivos nos permite entrar en las alegrías del otro. Una esposa le dice con entusiasmo a su esposo: «Estoy muy emocionada. ¡Acabo de recibir un correo electrónico de mi mejor amiga del instituto! Hacía años que no sabía nada de ella». Si el esposo responde al entusiasmo de su esposa diciendo: «Eso parece emocionante. ¿Y qué te dijo?», y escucha mientras la esposa continúa expresando su entusiasmo por esta conversación sobre el pasado, vivirán un momento íntimo en lo emocional.

De la misma manera, si hablamos de sentimientos negativos, también creamos intimidad emocional. Una esposa dice: «Me temo que no tendremos suficiente dinero para pagar la matrícula universitaria de Julia el próximo semestre. A la verdad, me siento mal por eso, pero no sé qué hacer». El esposo puede responder a esa franqueza con una afirmación como: «Entiendo que sea algo muy doloroso para ti. ¿Te gustaría hablar sobre lo que podríamos hacer?». Es probable que lo que siga sea una conversación más profunda sobre la situación financiera, y tal vez juntos lleguen a una idea de cómo pueden lograr este objetivo financiero. Al hacerlo, han creado una intimidad emocional.

Hablar de los sentimientos, los altibajos, es uno de los aspectos más satisfactorios del matrimonio. Cuando le contamos a nuestro cónyuge nuestras emociones, lo incluimos en una parte muy poderosa de nuestras vidas. Las emociones positivas compartidas siempre intensifican el placer, y las emociones negativas compartidas siempre deberían brindar alivio y apoyo. En una relación íntima, las emociones no se ven como enemigas, sino como amigas, y conversar sobre las emociones es parte del flujo normal de la vida.

CONTEMOS LAS EXPERIENCIAS: ENTENDAMOS LA INTIMIDAD SOCIAL

La intimidad social tiene que ver con pasar tiempo los dos en torno a los acontecimientos de la vida. Muchos de estos acontecimientos involucran a otras personas. Algunos los experimentamos juntos; otros suceden mientras estamos separados y se expresan a través de una comunicación abierta. Ambos construyen intimidad social. Gran parte de la vida se centra en encuentros que suceden a lo largo del día: cosas que la gente nos dice o hace por nosotros, con nosotros o contra nosotros, situaciones que surgen y que nos vemos obligados a afrontar. Nuestro supervisor nos da una palabra de aliento o nos lanza un bombazo; Tim suspende en álgebra o Ana vuelve a casa enferma de la escuela. La vida se compone de una combinación de rutina y eventos inesperados. Muchos de estos encuentros tienen lugar mientras estamos separados de nuestro cónyuge. Al contar de palabra estos eventos, llegamos a sentirnos parte de las experiencias del otro. La vida no se limita a lo que me sucede a lo largo del día. Mientras hablo con mi cónyuge, nuestro horizonte se amplía. Sentimos que somos parte de lo que hace el otro. Sentimos que somos una unidad social y cada uno de nosotros comprende que lo que ocurre en la vida del otro es importante.

Esta narración de acontecimientos a menudo implicará el análisis de pensamientos y sentimientos. Nos contamos cómo interpretamos los hechos de la vida y también podemos explicar los sentimientos que acompañan a estos. Durante muchos años, en mis seminarios matrimoniales, he alentado a las personas a establecer la práctica de un «tiempo diario para conversar», en el que cada uno le cuenta al otro un mínimo de «tres cosas que me sucedieron hoy en la vida y lo que siento al respecto». Al establecer esta práctica diaria, muchas parejas han indicado que el tiempo de conversación diario se ha convertido en el momento culminante de su día y que, en este tiempo, experimentan genuinamente intimidad social.

Sin embargo, hay otro aspecto de la intimidad social que consiste en que los dos *hagamos* juntos las cosas. Estos momentos se pueden realizar en presencia de otras personas, como ir al cine o asistir a un evento deportivo. Las actividades sociales no se limitan a ser espectadores. Podemos ir juntos a la bolera, jugar al Scrabble o plantar un cornejo en el jardín delantero. Incluso podemos ir de compras juntos (lo que también sería un acto de servicio para algunos esposos). Un picnic en el parque o incluso en la terraza puede añadir emoción a un día que de otro modo estaría nublado. Gran parte de la vida consiste en hacer cosas. Cuando las hacemos juntos, no solo desarrollamos el sentido de trabajo en equipo, sino que también reforzamos nuestro sentido de la intimidad.

Las cosas que hacemos juntos suelen formar nuestros recuerdos más vívidos. ¿Alguna vez olvidaremos escalar juntos el monte Mitchell? ¿O quién puede olvidarse de bañar al perro? Lo sostuve mientras tú lo frotabas. Luego, estaban esas veces que íbamos juntos en trineo antes de que llegaran los niños. Después con los niños. Y esa vez a medianoche cuando salimos y dejamos a los niños en la cama y bajamos por nuestro propio tobogán.

En una familia amorosa, la intimidad social es una forma de vida. Se deben negociar las presiones de tiempo, el estrés y otras barreras, pero hay un esfuerzo consciente por parte del esposo y la esposa para seguir dedicando tiempo a experimentar juntos la vida, haciendo cosas que uno o ambos disfrutan.

UNA PAREJA, BAJO DIOS:
ENTENDAMOS LA INTIMIDAD ESPIRITUAL

La intimidad espiritual suele ser la menos estudiada de todos los fundamentos de la intimidad conyugal, aunque tiene un impacto significativo en las otras cuatro esferas de la intimidad. Cuando comencé mis estudios de antropología hace muchos años, me fascinó descubrir que dondequiera que encontramos al hombre, encontramos una creencia en el mundo espiritual. Pocos aspectos de la cultura humana son «panhumanos», es decir, se encuentran en todas las culturas. La creencia en un mundo espiritual es una de esas realidades relativas a toda la humanidad. Tras años de estudio, he llegado a la conclusión de que el intento del hombre posmoderno de ignorar o negar la realidad de la naturaleza espiritual de la humanidad es inútil. El interés actual de la cultura occidental por diversas formas de espiritualidad es evidencia de que el hombre occidental posmoderno sigue buscando un alma.

Mi convicción personal es que cuando el hombre moderno abandonó la antigua fe cristiana en busca de la iluminación a través del materialismo científico, renunció a la fuente de la verdad espiritual. Llevo muchos años bebiendo de esa fuente y encuentro en ella la fuente de gran tranquilidad.

Dado que el matrimonio involucra a dos personas que buscan crear su intimidad, sus percepciones y experiencias individuales en el ámbito espiritual son algo que se debe analizar. La idea de que la religión es «personal» y algo de lo que no se habla es el mismo error de que las emociones son personales y no algo de lo que deba hablarse. Cuando nos negamos de forma categórica, por la razón que sea, a hablar de nuestras percepciones espirituales, estamos eliminando un aspecto completo de nuestra humanidad y, por lo tanto, limitamos la intimidad conyugal.

La intimidad espiritual no requiere un acuerdo de creencias en cada detalle. Como en todas las demás esferas de la intimidad, buscamos contarnos lo que sucede en nuestro interior. Cuando hablamos de nuestras emociones, pensamientos y experiencias, estamos contando algo que la otra persona no sabría a menos que hubiéramos decidido hablar al respecto. El proceso es muy parecido en la construcción de intimidad espiritual. Cada uno le cuenta al otro sus propios pensamientos, experiencias, sentimientos e interpretaciones de las cosas espirituales. El propósito no es llegar a un acuerdo, sino el entendimiento. Es obvio que si mantenemos las mismas creencias fundamentales, nuestro nivel de acuerdo intelectual será alto, pero incluso entonces nuestras experiencias, nuestras emociones y nuestras interpretaciones de las cosas espirituales no siempre serán idénticas. Por ejemplo, es posible que hayas pasado mucho tiempo esta semana reflexionando sobre el amor de Dios, mientras yo leía sobre la ira de Dios. Estoy tratando de comprender y procesar un aspecto de la naturaleza de Dios mientras tú meditas y reflexionas sobre otro aspecto. Si estamos dispuestos a abrir esta parte de nuestras vidas el uno al otro, ambos podemos enriquecernos, y el resultado es la intimidad espiritual.

Hace algún tiempo, mi esposa entró a mi oficina con entusiasmo y dijo: «Tengo que leerte esto». Procedió a leer una parte bastante extensa de «La compra de un alma», tomada de *Los miserables*, de Víctor Hugo[1]. Leyó la parte en la que el obispo de Digne interactuaba con un hombre que estuvo en prisión durante diecinueve años y que acababan de liberarlo. El hombre se sintió abrumado por la idea de que el obispo lo recibiera en su casa para comer, ya que en varios establecimientos del pueblo le habían negado tanto el alojamiento como la comida. «Ni siquiera sabes mi nombre», dijo el hombre, a lo que el obispo respondió: «Ah, pero sí sé tu nombre. "Tu nombre es mi hermano"». Continuó leyendo la forma amorosa en que el obispo respondió a este hombre que había vivido una vida tan difícil. Luego me contó sus propios sentimientos y pensamientos con respecto a este pasaje, y me recordó la vez en que vio *Los Miserables* en Nueva York. En su hablar y en mi escucha, experimentamos un momento de intimidad espiritual.

La intimidad espiritual consiste en comentar entre sí algunos de sus pensamientos sobre las realidades espirituales. Tricia leyó el Salmo 23 ayer por la mañana y quedó cautivada por los pronombres personales: «El Señor es mi pastor; nada me faltará. En lugares de verdes pastos me hace descansar» (LBLA). Anoche habló de esto con Art y él le contó su experiencia con un pastor en Australia antes de casarse. Experimentaron intimidad espiritual.

La intimidad espiritual no solo se fomenta mediante la comunicación verbal, sino también mediante la experiencia común. Jim y Judy han asistido juntos con regularidad a los servicios de adoración los domingos por la mañana. «Hay algo en vivir juntos el servicio que me hace sentir más cerca de Jim. Compartimos el mismo himnario; lo escucho cantar las mismas palabras que yo. Nos tomamos de la mano durante las oraciones, y escuchamos y tomamos notas del sermón del pastor. Por lo general, de camino a casa, nos contamos algo que nos gustó del servicio de esa mañana».

Orar juntos es otra forma de construir intimidad espiritual. Pocas cosas son más personales que la oración sincera. Dos personas que se unen en oración sincera descubrirán un profundo sentido de unidad espiritual. Pocas veces somos más vulnerables que cuando hacemos oraciones sinceras unos con otros. Para quienes les resulta incómodo decir oraciones verbales en presencia de su cónyuge, les sugiero que oren en silencio. Tómense de las manos, cierren los ojos y oren en silencio. Cuando termines, di «Amén» en voz alta. Cuando la otra persona diga «Amén», sabrás que terminó de orar. No se pronuncian palabras audibles, pero sus corazones se acercan el uno al otro. Han vivido un momento de intimidad espiritual.

«UNA SOLA CARNE»: ENTENDAMOS LA INTIMIDAD FÍSICA

Debido a que los hombres y las mujeres somos sexualmente diferentes (¡viva la diferencia!), a menudo llegamos a la intimidad sexual de diferentes maneras. El énfasis del esposo suele estar en los aspectos físicos de la intimidad sexual. Su atención se centra en ver, tocar, sentir, experimentar los preliminares y el clímax. Es físicamente excitante, estimulante y satisfactorio, y muchos dirían que es el mayor placer físico de la vida. La esposa, por el contrario, suele llegar a la intimidad sexual con énfasis en el aspecto emocional. Sentirse amada, cuidada, admirada, apreciada y tratada con ternura le produce una gran alegría. Si el encuentro sexual va precedido de palabras de afirmación y actos de amor (en resumen, si se siente amada de veras), la experiencia sexual no es más que una extensión de este placer emocional. Disfrutará del orgasmo físico, pero no vive para ese momento.

Su placer se deriva mucho más de la cercanía emocional que siente con su esposo en la experiencia sexual.

La intimidad sexual requiere comprender y responder a estas diferencias. El esposo debe aprender a centrarse en la necesidad emocional de amor de su esposa, y ella debe comprender el aspecto físico de su sexualidad. Si la pareja se concentra en hacer de la experiencia sexual un acto de amor mutuo y se toma el tiempo para aprender a darse placer el uno al otro, encontrarán la intimidad sexual. No obstante, si solo «hacen lo que les resulta natural», encontrarán frustración sexual. También existen diferencias en el ámbito de la excitación sexual. A los hombres les estimula la vista. El simple hecho de ver a su esposa desvestirse a la sombra de la luz del dormitorio puede provocarle una erección. (Lo siento, hombres. Pueden vernos desnudarnos y permanecer impasibles. Quiero decir, ese pensamiento ni siquiera se les pasa por la cabeza). Las mujeres se sienten mucho más estimuladas sexualmente por las caricias tiernas, las palabras de afirmación y los actos de consideración. Por eso muchas esposas dicen: «El sexo no comienza en el dormitorio. Comienza en la cocina. No empieza por la noche, empieza por la mañana». La forma en que la traten y le hablen a lo largo del día tendrá un profundo efecto sobre su excitación sexual.

Por lo tanto, debería ser obvio que no podemos separar la intimidad sexual de la intimidad emocional, intelectual, social y espiritual. Las examinamos por separado con el fin de comprenderlas, pero en el contexto de las relaciones humanas, nunca pueden compartimentarse. No podemos alcanzar la intimidad sexual sin intimidad en las otras esferas de la vida. Podemos tener relaciones sexuales, pero no intimidad sexual: la sensación de cercanía, de ser uno, de encontrar satisfacción mutua.

La Biblia dice que cuando un esposo y una esposa tienen relaciones sexuales, llegan a ser «una sola carne». La idea no es que pierdan su identidad, sino que en el acto sexual, sus dos vidas se unen de una manera mutuamente satisfactoria. No solo se trata de una forma de unir dos cuerpos hechos el uno para el otro, sino que habla también de la unión intelectual, emocional, social y espiritual. Es la expresión física de la unión interior de dos vidas. En los antiguos escritos hebreos y en los escritos griegos de la iglesia primitiva del primer siglo, las relaciones sexuales se reservaban siempre para el matrimonio. No se trataba de una denuncia arbitraria de las relaciones sexuales fuera del matrimonio; solo era un esfuerzo por ser fieles a la naturaleza de las relaciones sexuales. Una unión tan profunda sería inapropiada fuera de un compromiso amoroso y de por vida entre marido y mujer.

En una familia sana, la relación entre marido y mujer es, sin duda, la relación más significativa. En esta relación, nada es más importante que la intimidad conyugal. La intimidad sexual es la expresión más física de esta intimidad. Y el éxito de la intimidad sexual se ve muy afectado por la intimidad intelectual, emocional, social y espiritual.

INTIMIDAD CONYUGAL Y SEGURIDAD FAMILIAR

El estrés, los momentos de separación, las enfermedades, el trabajo, los hijos y otras preocupaciones normales de la vida afectarán el tiempo y la energía invertidos en la intimidad conyugal, pero en una familia amorosa, el marido y la mujer están comprometidos a mantener viva la intimidad. Una relación tan íntima no solo aporta una profunda satisfacción a la pareja, sino que también sirve de ejemplo para los hijos de la familia. Este es el ejemplo que tanto falta en muchas familias contemporáneas.

¿Qué pasa con nuestro antropólogo residente? ¿Qué vio John sobre la intimidad conyugal en nuestra relación? Bueno, por supuesto que no invitamos a John al dormitorio, pero a veces nos sorprendía besándonos en el sofá. En sus propias palabras...

Karolyn fue más demostrativa; es de las que abrazan. Los consideraba más reservados, pero estaba claro que se querían mucho.

Había verdadera seguridad. Recuerdo que la rodeabas con el brazo, le tocabas el brazo, eras muy cariñoso en ese sentido. Siempre disfruté escuchando cómo se conocieron y cómo Karolyn se resistió al principio. Fue sincera sobre ese momento de su vida; en realidad, entró en razón y te amó de manera apasionada y con todo su corazón, y tú hiciste lo mismo por ella. Siempre percibí un gran respeto por parte de ambos; era evidente que la respetabas muchísimo y la escuchabas, la dejabas hablar y no la interrumpías, y tú también hacías lo mismo conmigo. También me pareció que eras transparente. Fuiste muy sincero al decir que pasaste por momentos difíciles en tus primeros años. Esto me pareció alentador en gran medida.

En ocasiones, John se ofrecía como voluntario para cuidar a los niños, a fin de que Karolyn y yo pudiéramos asistir a funciones sociales. (Tratamos de no aprovecharnos de John como una niñera conveniente; sabíamos que ese no era el propósito principal de su presencia). Otras veces llevábamos a los niños con nosotros a un parque cercano y, sin perderlos de vista, Karolyn y yo hablábamos de nuestros pensamientos, sentimientos y experiencias del día. Teníamos la costumbre de acostar a los niños a las ocho y media. Esto nos permitía «tiempo de pareja» para los dos.

Trabajamos duro para estar juntos durante la cena. Era el momento de contarnos lo que había ocurrido durante el día. John era parte integrante de esta conversación. Después que John se fue y los niños pasaron a la adolescencia, continuamos con esta tradición, aunque significó que con la práctica de baloncesto y otras actividades extraescolares, nuestra cena pasaba de las cuatro de la tarde hasta las nueve de la noche. Para nosotros, era un compromiso; era la familia en su máxima expresión, unida de manera intelectual, emocional y social. Ahora que nuestros hijos son adultos, cuando vuelven de visita de vez en cuando, la mesa de la cena es el centro de nuestro «tiempo juntos

Podemos sentarnos durante horas y ponernos al día del tiempo que hemos pasado separados.

La intimidad entre esposo y esposa se extiende al resto de las relaciones familiares. Si falta intimidad en la relación matrimonial, es probable que se distorsione en las relaciones entre padres e hijos, y entre hermanos. En familias sanas, los esposos dan la máxima prioridad al matrimonio, conscientes de que la intimidad entre marido y mujer no solo satisface sus propias necesidades, sino que les proporciona el más alto nivel de seguridad emocional a los hijos. Estoy plenamente convencido de que mi mayor contribución a los niños de esta generación radica en ayudar a sus madres y padres a construir matrimonios íntimos.

Siempre les hemos contado a nuestros hijos sobre nuestra lucha personal por construir la intimidad conyugal. Estaba convencido de que nuestro hijo, Derek, entendía esa lucha y el dulce fruto de la intimidad cuando me regaló el poema que sigue.

Esta noche, un tren atraviesa
el valle debajo de nuestra casa.
Suena un largo silbato que reúne en su llamado
todas las noches inauditas.

Mis padres, profundamente dormidos
y yo, escuchamos
a través de la ventana.
Ellos también, reuniendo tantas noches largas:
Noches antes de mi nacimiento
noches en el desierto de Texas
tratando de obligarse el uno al otro a renunciar;
noches de esperar a que el otro
se fuera a la cama después de un día
sin expresar palabras,

noches preguntándose si esto
debía ser así después de todo.

Y después de todas esas noches pasadas,
la palabra hogar finalmente
se formó por sí sola.
Y el desayuno llega con alegría
a los niños, y los platos se lavan
y se secan sin quejas;
y nosotros, los niños, nos maravillamos
ante lo que parece un sacrificio diario,
pero que llega a nosotros
como un tren que atraviesa
un largo valle, sin que se escuche
y que ahora hace sonar este
íntimo silbido de sabiduría.

Para más información sobre cómo tú y tu familia pueden desarrollar una actitud de servicio, consulta el código en la página 185 para acceder a la Family Adventure Guide [Guía de aventuras familiares] en **www.5lovelanguages.com/5traits.** Esta guía tiene como objetivo ayudarte a poner en práctica las características saludables que se analizan en este libro. Encontrarás una serie de evaluaciones, cosas en las que pensar y oportunidades para profundizar en el tema.

TERCERA PARTE

Padres que guían

CAPÍTULO CINCO

Hablar, hacer, amar

En una familia saludable, los padres asumen la responsabilidad de guiar a sus hijos: instruirlos, prepararlos y, sí, disciplinarlos. En el mundo griego antiguo, dos palabras describían la función de los padres: *instrucción y formación*. La palabra griega para instrucción, *nouthesia*, significa literalmente «poner en mente». En el modo de pensar griego, esto se hacía mediante corrección verbal; por lo tanto, instruir con palabras. La palabra para formación es *paideia*. A veces se traduce como «crianza» y otras como «disciplina». Para los griegos, la formación siempre implicaba acción. Tenía un aspecto positivo y otro negativo. El aspecto educativo podía consistir en abrazar y besar a un niño, mientras que el aspecto disciplinario podía consistir en apartarlo de manera física del peligro, pero en ambos casos se hacía hincapié en la acción.

Saber aplicar estos diversos medios de orientación no siempre es fácil, como puede atestiguar cualquier padre. Algunos padres han prometido que siempre les explicarán todo a sus hijos, sin declarar nunca: «Porque lo digo yo». El objetivo principal de su estilo de crianza es: «Hablemos de esto». Para algunos, «hablar» significa un monólogo en el que le dan otro sermón al niño, mientras que otros enfatizan la importancia del diálogo, asegurándose de escuchar los pensamientos del niño y de expresar los suyos propios. Sin embargo, para ambos, el énfasis está en enseñar con palabras. Les gusta razonar; quieren responder a las preguntas de «por qué» de los niños. Se basan en la filosofía de que si los niños entienden ese *por qué*, es mucho más probable que respondan de forma positiva a la regla o petición de los padres. Algunos de estos padres que enfatizan las palabras en detrimento de las acciones están reaccionando a patrones de disciplina físicamente abusivos de sus propios padres. Se han prometido a sí mismos que nunca tratarán a sus hijos como los trataron a ellos.

El lado negativo del enfoque de «solo palabras» en la crianza de los niños es que cuando los niños no responden a las palabras apacibles y a la razón, los padres a menudo terminan gritando, chillando y amenazando verbalmente a sus hijos para que se mantengan a raya. Con el tiempo, los pequeños Ellen y Evan aprenden el mismo patrón de respuesta y el hogar se convierte en un campo de batalla de palabras. El que tiene el control es el que grita más fuerte y durante más tiempo.

Otro grupo de padres enfatiza la acción, excluyendo las palabras. Su lema es: «Actúa ahora, habla después». Para muchos de ellos, el después nunca llega. Cuando el niño se porta mal, de inmediato lo levantan por los tirantes, le dan unos cuantos golpes fuertes, lo vuelven a meter en el carro de la compra y esperan que no llore. Su lema de crianza es: «Las acciones hablan más que las palabras». Hay que poner al niño en su sitio. Si no se le disciplina con firmeza, se te irá de las manos. Estos son los padres que muchas veces terminan abusando físicamente de sus hijos. Debido a que el niño no responde de forma positiva a sus acciones anteriores, recurren a acciones más estrictas y terminan haciendo cosas que nunca soñaron que harían.

En una familia sana, los padres equilibran las palabras y las acciones. Dedican tiempo para explicar las reglas y las consecuencias de su incumplimiento. También actúan con amor cuando aplican las consecuencias. Cuando se logra este equilibrio, es menos probable que los padres lleguen a los extremos de gritar, vociferar y amenazar por un lado o abusar físicamente del otro. Es mucho más probable que logren su objetivo de ayudar al niño a convertirse en un adulto sano en lo emocional.

EL AMOR ES LO PRIMERO

A estas alturas, algunos se estarán preguntando: «¿Es posible de verdad que dos padres que tienen enfoques muy diferentes sobre la crianza de sus hijos lleguen a un acuerdo?». La respuesta es un sí rotundo. En nuestra propia familia, descubrimos que yo tendía a ser un padre tranquilo y calmado que decía «Hablemos de esto», mientras que Karolyn tendía a ser una persona impulsiva, del tipo: «actúa ahora». Nos tomó un tiempo darnos cuenta de lo que sucedía, analizar nuestros patrones y admitirnos el uno al otro nuestras tendencias básicas. Cuando lo hicimos y empezamos a concentrarnos en la pregunta: «¿Qué es lo mejor para nuestros hijos?», descubrimos que podíamos trabajar juntos como equipo y que, en realidad, debíamos hacerlo. Nuestras tendencias básicas no cambiaron, pero aprendimos a moderarlas. Yo aprendí a actuar con responsabilidad, y a combinar palabras y acciones. Karolyn aprendió a pensar antes de actuar. En los siguientes capítulos, contaré algunas de las ideas que nos ayudaron en el proceso. Pero antes, démosle un vistazo al primer y más importante elemento que los padres necesitan para guiar a sus hijos.

Ningún patrón de orientación y disciplina será muy eficaz si el niño no se siente amado por sus padres. Por el contrario, si el niño se siente amado, incluso los malos intentos de enseñanza y formación pueden producir un adulto sano.

Una vez leí la historia de un hombre común y corriente: una esposa, dos hijos, una casa cómoda, una vocación significativa. Todo iba bien hasta que una noche uno de los hijos enfermó. Creyendo que la enfermedad no era nada grave, los padres le dieron una aspirina y se fueron a la cama. El niño murió durante la noche de apendicitis aguda. El dolor y la culpa de esa experiencia llevaron al hombre al alcohol. Con el tiempo, su frustrada esposa lo abandonó. Ahora era un padre soltero con un hijo, Ernie, y un problema con el alcohol.

Con el paso del tiempo, su alcoholismo le llevó a perder su trabajo y, por último, a perder su casa, sus posesiones y su autoestima. Al final, murió solo en la habitación de un motel. Sin embargo, el hijo resultó ser un adulto generoso, trabajador y bien adaptado. Conociendo las circunstancias de su crianza, alguien le preguntó al hijo: «Sé que tú y tu padre vivieron solos durante muchos años. Sé algo de su problema con el alcohol. ¿Qué hizo para que te convirtieras en una persona tan cariñosa, amable y generosa?».

Tras reflexionar, el joven respondió: «Desde que puedo recordar, desde que era un niño hasta que cumplí los dieciocho años, todas las noches mi padre entraba en mi habitación, me besaba en la mejilla y me decía: "Te quiero, hijo"»[1]. El amor cubre multitud de pecados.

Al parecer, el amor que Ernie sintió por las palabras de afirmación y el contacto físico de su padre llenó su tanque de amor emocional y le dio la capacidad de desarrollar una perspectiva positiva de la vida, a pesar de los otros fracasos de su padre. Lo lamentable es que las palabras de afirmación y un beso no harán que todos los niños se sientan amados. Mi libro *Los cinco lenguajes del amor de los niños* enfatiza la importancia de descubrir el lenguaje principal del amor de tu hijo y hablarlo con regularidad[2]. Estoy convencido de que existen cinco lenguajes emocionales del amor y de que cada niño comprende uno de estos lenguajes con mayor claridad que los demás. Permíteme hacer un breve repaso de los cinco.

PRIMER LENGUAJE DEL AMOR: PALABRAS DE AFIRMACIÓN

El padre de Ernie hablaba dos de los cinco lenguajes principales del amor: palabras de afirmación y toque físico. Examinemos el primero. Uno de los lenguajes básicos del amor es decirle al niño palabras positivas sobre sí mismo y sobre la valoración que le haces. Las siguientes son palabras de afirmación: «¡Buen trabajo!». «Gracias por tu ayuda».

«Me gusta la forma en que lo hiciste; se nota que te esforzaste». «Te lo agradezco». «Buena jugada». «Gracias por tu ayuda esta tarde». «Te ves muy fuerte». «Eres muy hermosa». «Te quiero». Estas expresiones de afirmación son importantes para comunicarles amor a todos los niños, pero para el niño cuyo principal lenguaje del amor son las palabras de afirmación, son su savia emocional.

SEGUNDO LENGUAJE DEL AMOR: TIEMPO DE CALIDAD

El tiempo de calidad consiste en prestarle al niño toda tu atención. Para el niño cuyo principal lenguaje del amor es el tiempo de calidad, nada será suficiente salvo dedicarle largos períodos de atención. Este tiempo puede dedicarse a leer libros, jugar a la pelota, montar en bicicleta, caminar o solo hablar mientras conduces hacia el restaurante. Estos son los momentos que hacen que el niño se sienta amado. Las palabras «Te quiero», sin pasar tiempo de calidad con este niño, parecerán una charla vacía. Las palabras de los padres pueden ser sinceras, pero el niño no se sentirá amado.

TERCER LENGUAJE DEL AMOR: TOQUE FÍSICO

Hace tiempo que conocemos el poder del toque físico como comunicador del amor. Las investigaciones han demostrado que los bebés a los que se toca con frecuencia de manera amorosa crecen con mejor salud emocional que a quienes se les deja desatendidos. El toque es crucial para todos los niños, pero al recibir toques afectuosos es que algunos niños se sienten más queridos. De seguro que la forma en que se da este toque tendrá que modificarse a medida que el niño crece. Abrazar a un adolescente en presencia de sus amigos puede provocar sentimientos de vergüenza más que de amor. En cambio, si el lenguaje principal del amor del adolescente es el toque físico, deseará ese toque cuando no estén cerca sus amigos.

CUARTO LENGUAJE DEL AMOR: REGALOS

Dar y recibir regalos es una expresión universal de amor. Un regalo dice «Papá (o mamá) estaba pensando en mí». Cuando regresas de un viaje y le llevas un regalo a un niño, le dices que estuvo en tus pensamientos mientras estuviste fuera. Esto no significa que debas darle al niño con este lenguaje de amor primario todo lo que pide para que se sienta amado. Lo que sí significa es que debe haber una cantidad significativa de regalos o el niño no se sentirá amado. Los regalos no tienen por qué ser caros. En realidad, «la intención es lo que cuenta».

QUINTO LENGUAJE DEL AMOR: ACTOS DE SERVICIO

Hacer cosas por el niño que sabes que aprecia es otro de los lenguajes básicos del amor. Preparar la comida, lavar la ropa, proporcionar transporte, ayudar con los deberes escolares o asistir a un evento deportivo infantil son expresiones de amor. Para el niño cuyo lenguaje principal del amor son los actos de servicio, tales actos se vuelven esenciales para su bienestar emocional. Arreglarle la bicicleta significa más que volver a poner al niño sobre ruedas; es aplicar el aceite del amor.

Me gusta el concepto de «tanque de amor» del psiquiatra y autor Ross Campbell[3]. Cree que dentro de cada niño hay un tanque de amor emocional. Cuando el niño se siente genuinamente amado por sus padres, se desarrollará con normalidad, y estará accesible a la instrucción y la formación. Cuando el tanque de amor del niño está vacío y el niño no se siente amado por sus padres, es probable que se rebele ante los esfuerzos de los padres por guiarlo y disciplinarlo.

Todas estas son expresiones válidas de amor hacia un niño, pero no todas tienen el mismo valor para todos los niños. De los cinco lenguajes del amor, cada niño tiene un lenguaje de amor primario y uno secundario. Estos dos son más importantes que los otros tres. Si un padre habla de manera sistemática el lenguaje primario del amor y el lenguaje secundario del amor de un niño, el niño se sentirá amado. Si los padres no los hablan de manera constante y regular, el niño puede sentirse poco querido aunque los padres expresen su amor en cualquiera de los otros tres lenguajes. No basta con que los padres amen al niño. La pregunta es: «¿Se siente amado el niño?». Todo consejero se ha encontrado con niños, jóvenes y adultos, que dicen: «Mis padres no me quieren. A mi hermano sí lo quieren, pero a mí no». En casi todos los casos los padres aman profundamente al niño; el problema es que no han hablado el lenguaje primario del amor del niño. Así, el niño crece con el tanque del amor vacío.

DESCUBRE LOS LENGUAJES DEL AMOR DE TUS HIJOS

¿Cómo descubres el lenguaje primario del amor de tus hijos? Permíteme sugerir tres maneras. En primer lugar, observa cómo te expresan su amor. Si tu hijo te dice a menudo lo buena madre que eres y lo bien que preparas la comida, etc., es probable que su lenguaje del amor sea palabras de afirmación. Si tu hija siempre te trae regalos hechos por ella y envueltos en papel de regalo o regalos que ha encontrado en el jardín, es probable que su lenguaje del amor sea recibir regalos. Si un niño siempre quiere abrazarte y tocarte, sospecha que el lenguaje de amor número uno es el toque físico. Si a menudo quiere ayudarte con las tareas del hogar, tal vez su lenguaje del amor sea los actos de servicio. Si constantemente quiere jugar, leer libros y hacer cosas contigo, lo más probable es que su lenguaje del amor sea tiempo de calidad. Tus hijos te dan lo que a ellos mismos les gusta recibir.

El lenguaje del amor de mi hijo es el toque físico. Lo aprendí cuando tenía unos cuatro años. Cuando llegaba a casa por la tarde, corría hacia mí, saltaba sobre mi regazo y me revolvía el pelo. Me tocaba porque quería que lo tocaran. Cuando era joven y venía a casa un fin de semana, se tumbaba en el suelo a ver la televisión. Cuando yo pasaba por la habitación y él necesitaba amor, me hacía tropezar. El toque físico todavía le dice mucho.

En cambio, el lenguaje del amor de nuestra hija es el tiempo de calidad. Esto me motivó a pasar muchas tardes caminando con mi hija cuando estaba en el instituto, hablando de libros, de chicos y otros temas. Ahora es médica, pero cuando viene a casa de visita, dice: «¿Quieres dar un paseo, papá?». El tiempo de calidad sigue comunicándole amor.

Mi hijo nunca saldría a caminar conmigo. Decía: «¡Caminar es una tontería! No vas a ninguna parte. Si vas a algún sitio, conduce». Lo que hace que un niño se sienta amado no necesariamente hará que otro se sienta amado. La clave está en aprender el lenguaje principal del amor de cada niño y hablarlo con coherencia. Una vez que hables sus lenguajes del amor primario y secundario, puedes incorporar los otros tres a lo largo del camino. Te darán puntos extra, pero no te atrevas a descuidar los lenguajes del amor primario y secundario de tus hijos[4].

Después de fijarte en lo que tus hijos hacen por ti, observa lo que te piden con más frecuencia. Esas peticiones serán un reflejo de su lenguaje principal del amor. Si tu hijo te dice al salir de viaje: «Asegúrate de traerme algo», te está dando una pista clara de su lenguaje principal del amor. Si pregunta con regularidad: «¿Qué tal lo hice, mamá?», te está diciendo que las palabras de afirmación son su lenguaje principal. Si tu hijo te pide con frecuencia que pasees con él, o que juegues o hagas cosas con él, te está revelando que su lenguaje primario es el tiempo de calidad. Escucha con atención las peticiones de tus hijos hasta que veas que surge un patrón. Una vez que veas que uno de los cinco lenguajes del amor se destaca en su lista de peticiones, da por sentado que ese es su lenguaje y empieza a centrarte en él como lenguaje del amor primario o secundario.

Una tercera pista es escuchar de qué se quejan tus hijos con más frecuencia. Si te critican porque no juegas con ellos, no les llevas regalos o no mencionaste el sobresaliente que sacaron en el boletín de notas, te están dando una pista sobre su principal lenguaje del amor. Los niños son más críticos en el aspecto de la vida relacionado con su lenguaje primario del amor.

Hasta que estés seguro de los lenguajes primarios y secundarios del amor de tu hijo, céntrate en uno diferente cada mes y observa cómo responde tu hijo durante el mes. Cuando hables el lenguaje primario del niño, este tenderá a ser más receptivo a tu enseñanza y formación. Tendrá un espíritu más positivo ante la vida en general y tenderá a promover la armonía familiar. Cuando su tanque de amor esté vacío, el niño estará en su peor momento.

CAPÍTULO SEIS

El desafío de la enseñanza creativa

¿Qué padre no se ha sentido desesperado alguna vez ante el sinfín de preguntas de *qué* y *por qué* que le hace su sediento hijo? Los niños son curiosos por naturaleza. Lo triste es que algunos padres han matado este espíritu inquisitivo con respuestas del tipo: «Ahora no» y «Porque lo digo yo».

El reto del padre educador es aprender a cooperar con el deseo natural de conocimiento del niño y hacerlo de forma que mantenga su mente abierta a toda una vida de aprendizaje. Por eso utilizo el término «enseñanza creativa». Es el desafío de crear una atmósfera donde el deseo de aprender del niño y el deseo de enseñar de los padres fluyan a un ritmo normal, haciendo que la experiencia sea agradable para ambos. La alegría de aprender es una fuente de placer inagotable para el niño al que se le enseña de forma creativa. Es esta fuente de alegría la que el padre educador trata de aprovechar.

Como padres, debemos aceptar la realidad de que enseñar a nuestros hijos consumirá una parte de nuestras vidas. Lo ideal es que esta enseñanza sea constante y diaria. Una de las grandes barreras del mundo contemporáneo a la enseñanza de los padres es el tiempo. Dado que la mayoría de los padres trabajan fuera de casa, con largos desplazamientos al trabajo o con las innumerables presiones de tiempo a las que se enfrentan las familias, la simple presión del tiempo dificulta la enseñanza creativa.

Está fuera del alcance de este libro dar respuestas específicas a la lucha por el tiempo. Sin embargo, tengo la firme convicción de que debemos optar por dedicar tiempo a enseñar a nuestros hijos. En nuestra sociedad, tenemos alrededor de dieciocho años para llevar a los niños de una dependencia total a una independencia relativa; dieciocho años para inculcarles las habilidades de aprendizaje que creemos que les servirán para toda la vida, para comunicarles nuestros conocimientos y valores de tal manera que puedan evaluar y elegir de veras sus propios intereses y valores. La tarea nuestra es formidable y merece que nos esforcemos al máximo en dedicarle tiempo, a fin de hacer un buen trabajo. Examinemos cuatro aspectos básicos de la enseñanza creativa.

«ESTO ES IMPORTANTE»

Quizá el primer pensamiento que te venga a la cabeza cuando piensas en la enseñanza sea el de instruir. Instruir es utilizar palabras para comunicarle al niño algo que los padres consideran importante. Implica transmitir la historia y las tradiciones familiares, lo que se debe y no se debe hacer en la sociedad, los hechos y las teorías intelectuales, los valores morales y espirituales, y los conocimientos prácticos sobre todos los aspectos de la vida que creemos que harán que la vida del niño sea más productiva y significativa. El padre le transmite a la hija que en nuestra cultura conducimos por el lado derecho de la carretera, usamos cinturones de seguridad y respetando los límites de velocidad. De este modo, le asegura, es mucho más probable que llegue a la edad adulta. Los padres dan información sobre sexualidad y salud, sobre amigos y límites, sobre animales y plantas, sobre actitudes y comportamientos. Es lo que los antropólogos llaman el proceso de enculturación. Es enseñarle a un niño a vivir como parte de la cultura. Implica enseñarle

El desafío de la enseñanza creativa

ciertas habilidades sociales, ciertos conjuntos de información sobre los que el niño puede construir una vida exitosa.

En nuestra sociedad, este proceso no se deja solo en manos de los padres. La escuela, la iglesia y otras organizaciones sociales aceptan parte de la responsabilidad de ayudar al niño a desarrollarse y a descubrir su lugar en la sociedad. Sin embargo, en nuestra sociedad altamente organizada y tecnológica, los padres siguen manteniendo la responsabilidad fundamental de equipar a los niños para crecer y sobrevivir en el mundo moderno.

Cuando algunos de nosotros pensamos en la instrucción, visualizamos a un maestro de pie frente a un aula dando lecciones sobre cómo multiplicar, dividir o hacer fracciones. En cambio, la buena enseñanza nunca se limita al monólogo. Incluye instrucción formal, pero también incluye la conversación informal: el diálogo. No solo estamos vertiendo información en la cabeza de nuestros hijos; nos relacionamos con personas que tienen sentimientos, pensamientos y decisiones que tomar. Por eso, la forma más eficaz de enseñar implica el diálogo entre padres e hijos. A veces, el padre toma la iniciativa: «Quiero contarte algo que me dijo mi madre». Otras veces, el niño es el que toma la iniciativa: «¿Por qué el oso duerme todo el invierno?». Ambos son enfoques válidos de la enseñanza. Nuestro desafío es hacer las dos cosas de forma creativa. Entonces, si el dicho familiar transmitido por la abuela se puede poner en una tarjeta de tres por cinco y entregársela al niño junto con el análisis verbal de la información, es mucho más probable que el niño aprenda el valor de la afirmación de su abuela. Es más, puede que incluso coloque la tarjeta de tres por cinco en su espejo y la lea hasta que la haya memorizado. Con el tiempo, es probable que aplique la sabiduría de la abuela a su propia vida.

PARTE DE TODA LA VIDA

En el fluir normal de la vida, ¿cuándo encontramos tiempo para dar instrucción creativa? Es difícil mejorar el modelo hebreo antiguo que le ordenaba a los padres a enseñarles a sus hijos cuando se sentaran en casa, cuando anduvieran por el camino, cuando se prepararan para ir a dormir y cuando se levantaran cada mañana[1]. En otras palabras, la enseñanza creativa no se limita a un «período de enseñanza» durante el día; forma parte de toda la vida. Debe realizarse en cualquier momento que estemos despiertos y juntos.

Habiendo estudiado la vida familiar judía y quedando profundamente impresionados por la solidaridad de la antigua familia judía, Karolyn y yo nos tomamos en serio este modelo de enseñanza de los padres. ¿Podríamos, en nuestra cultura contemporánea, enseñarles a nuestros hijos cuando nos sentáramos en casa, camináramos por la calle, antes de acostarnos por la noche y por la mañana? Descubrimos que estos cuatro paradigmas de enseñanza encajan bien en el mundo moderno, aunque requieran un esfuerzo constante.

Por la mañana: Aunque para Karolyn la preparación del desayuno para la familia era un tremendo acto de servicio de su parte, este no era su mejor momento para enseñarles a los niños (excepto con su ejemplo de servicio amoroso). Así que asumí la responsabilidad de enseñar por la mañana. Nuestro tiempo era breve; lo hacía alrededor de la mesa, casi siempre al final de la comida. Leía un corto pasaje bíblico, analizaba una idea y les daba a los niños la oportunidad de hacer preguntas o comentarios. Luego hacíamos una breve oración.

Este tiempo de enseñanza rara vez duraba más de cinco minutos. No diría que este fuera nuestro mejor momento de enseñanza del día, pero era un momento en el que todos podíamos conectarnos por un momento entre nosotros y con una idea saludable. Esto nos permitía empezar nuestro día separados con la conciencia de que habíamos estado juntos como familia. Si el sentido de familia se experimenta por la mañana, sirve como recordatorio a lo largo del día de que siempre hay una familia a la que volver a casa. Aunque se olvidara todo el contenido, la sensación de «familia unida» era suficiente para que este tiempo de enseñanza valiera la pena.

Sentados en casa: ¿Alguna vez la familia moderna «se sienta en casa»? Sí, nos sentamos a ver la televisión o a mirar las pantallas de la computadora o del teléfono, pero rara vez nos sentamos juntos como padres e hijos con el propósito de enseñar. Nos sentamos, pero no hablamos. Eso no quiere decir que la televisión y la computadora no sean vehículos de instrucción. Instruyen y a menudo lo hacen de forma creativa, pero a menos que el contenido se seleccione con sumo cuidado, es posible que no estén dando la instrucción que los padres considerarían prudente. A menos que los padres utilicen estos recursos modernos como un medio creativo de instrucción, pueden convertirse en enemigos más que amigos de la instrucción de los padres.

Nuestra familia se sentaba en casa y hablaba, padres e hijos intercambiaban ideas, sentimientos y experiencias. Nuestro principal momento para sentarnos en la casa era a la hora de cenar. No era raro que pasáramos una hora dialogando después de la comida. A medida que los niños crecían, estas conversaciones se hacían más largas. Cuando volvían a casa de la universidad, se sabía que estos ratos de charla informal se extendían hasta tres horas. Los amigos que acompañaban a nuestros hijos en estas visitas a casa los fines de semana se asombraban de que una familia pudiera sentarse a hablar durante tres horas. Muchos de ellos habían crecido en familias en las que nunca se sentaban a conversar.

Cuando era padre joven, me impresionó muy pronto una declaración atribuida al Dr. Graham Blaine, psiquiatra jefe de la Universidad de Harvard, que decía que el problema más grave de la televisión no era su mala programación, sino que destruía la conversación de la familia media durante la cena[2]. Cuando la gente está ansiosa por ver su programa favorito, se da prisa durante la comida. Nunca se habla de lo que pasó durante el día, ni de las pequeñas cosas ni de los asuntos más importantes. Karolyn y yo nos comprometimos a mantener la tradición de cenar juntos y decidimos aprovecharla como momento para la instrucción.

Los niños no lo habrían reconocido como instrucción. Era un tiempo para hablar, un tiempo para ser familia, un tiempo para escuchar los acontecimientos, los sentimientos y las frustraciones de la experiencia de cada uno. Había tiempo para desarrollar el sentido de familia, y establecer la realidad de que la familia siempre está interesada en los acontecimientos del día, los pensamientos que genera la mente y las decisiones para el futuro. Confieso que cuando los niños entraron en la adolescencia, fue necesario un esfuerzo maratoniano para mantener esta tradición. La cena tuvo que trasladarse de forma continua desde las cuatro de la tarde a las nueve de la noche, dependiendo de los partidos de baloncesto, ensayos de teatro y clases de piano. Sin embargo, descubrimos que valía la pena el esfuerzo, y nuestros hijos, ya adultos, lo recuerdan como el momento en que hablábamos juntos.

Al andar por la calle: Cuando Moisés sugirió por primera vez este paradigma para los padres hebreos de su época, el principal medio de transporte era caminar. La humanidad siempre ha estado «en movimiento». Tanto si uno se gana la vida cazando, pescando y recogiendo bayas como si va a Nueva York a cerrar un trato comercial, la gente viaja. Solo ha cambiado el modo de viajar. En el automóvil es donde las familias se trasladan de casa a la escuela, la iglesia, el centro comercial o al partido de béisbol. Son tiempos excelentes para el diálogo entre padres e hijos. No es instrucción formal, pero es una instrucción poderosa. En estos viajes es donde los niños suelen plantear las cuestiones con las que se enfrentan.

A veces piden información, pero a menudo hacen preguntas de «por qué». Esto les brinda a los padres una excelente oportunidad para conversar de sus valores con el niño. Los padres que no han encontrado valores satisfactorios para sus propias vidas a menudo se sienten frustrados con las preguntas de por qué de sus hijos y acaban evitando esas preguntas lo más a menudo posible. Por otra parte, los padres que tienen unos valores firmes y muy arraigados a veces

El desafío de la enseñanza creativa

tienden a ser dogmáticos y dominantes al tratar de inculcarles sus valores a sus hijos. Sin embargo, la mejor manera de transmitir los valores a la siguiente generación no es mediante el dogmatismo, sino mediante el ejemplo y el diálogo. Deja que tus hijos observen tu vida y vean lo que es importante para ti. Permíteles hacer preguntas y dales respuestas sinceras, y tendrán la mejor oportunidad de interiorizar tus valores. En última instancia, el niño en crecimiento puede rechazar o aceptar los valores de sus padres, pero el proceso saludable es el diálogo. Ese diálogo suele producirse en los ambientes informales de la vida, mientras vamos de camino a hacer otras cosas.

Antes de acostarse: En todas las culturas, hombres, mujeres y niños duermen. Y en muchas culturas, justo antes de acostarse se considera un momento excelente para la instrucción de los padres. En mis propios viajes antropológicos, he observado a los indios tzeltales en el sur de México y a los indios caribes en la isla de Dominica. He visto a madres abrazando a sus niños pequeños junto al fuego y cantándoles canciones de cuna: instrucción creativa en estado puro. He visto a padres reunir a niños pequeños alrededor del fuego y contarles relatos de la historia caribeña y tzeltal, lo que hacía que las mentes de los pequeños se durmieran con sentimientos de seguridad y soñaran con años lejanos. El mundo contemporáneo moderno, muy alejado de esos fuegos tribales, ofrece las mismas oportunidades de instrucción.

Debido a que los niños quieren posponer la hora de acostarse, a menudo están ansiosos por recibir cualquier tipo de instrucción. Las canciones, las oraciones y los cuentos son vías de instrucción antes de acostarse. En nuestra casa, John observó el siguiente ritual antes de acostarse. Karolyn o yo nos sentábamos con los dos niños en el sofá, con la televisión apagada (la chimenea encendida en invierno) y leíamos uno de los numerosos libros de cuentos que habíamos recopilado a lo largo de los años. Después de la historia, siempre había preguntas: preguntas relacionadas con la historia o preguntas que brillaban en una mente joven como un relámpago en el cielo y que no podía esperar a formularlas. Teníamos una hora fija para irnos a la cama, pero estábamos dispuestos a extenderla si parecía ser un momento propicio de aprendizaje.

Luego le seguía la última visita al baño y el último sorbo de agua antes de deslizarse entre las sábanas. Una vez en la cama, llegaba el momento de la oración. La hora de acostarse era escalonada: Derek, el más pequeño, se acostaba primero, y Shelley, la mayor, se acostaba entre diez y quince minutos más tarde. Esto permitía el tiempo para las oraciones personales con cada niño. Oraban por el perro Zaqueo; oraban por sus maestros en la escuela; y oraban por cualquier otra cosa que se les ocurriera en sus mentes creativas. Shelley siempre oraba por el Dr. Al Hood, médico misionero en Tailandia. Shelley reconoce que su interés y sus oraciones por el Dr. Hood moldearon su propio deseo de convertirse en médico. Sí, los rituales a la hora de dormir son importantes.

Cualquier momento en que padres e hijos estén juntos es bueno para la instrucción. La instrucción creativa consiste en aprovechar los momentos informales en los que padres e hijos están juntos para conversar acerca de ideas, sentimientos, deseos, recuerdos o cualquier otra cosa que los padres consideren importante o en la que el niño exprese interés. Los padres son los que procuran guiar a los niños en la magia del diálogo.

ÁNIMO CREATIVO

El segundo aspecto de la enseñanza creativa es el ánimo creativo. La palabra ánimo significa «infundir valor». El valor es ese estado mental que le da al niño la capacidad de explorar posibilidades, de correr riesgos y de lograr lo que otros pueden considerar imposible. La forma en que los padres les enseñan a sus hijos tiene mucho que ver con que estos se sientan animados o desanimados. En familias sanas, los padres les dan a sus hijos muchas palabras de ánimo.

El desafío de la enseñanza creativa

Como padres, no debemos esperar hasta que el niño alcance la perfección para darle palabras de ánimo. Algunos padres temen que si animan al niño a realizar lo que consideran un trabajo mediocre, el niño nunca superará el nivel de la mediocridad. En realidad, ocurre todo lo contrario. Si se abstiene de animar los esfuerzos del niño que no son perfectos, el niño nunca alcanzará su potencial.

Debemos aprender a darles a los niños palabras de ánimo por sus esfuerzos, no por los resultados. Lo hacemos de forma bastante natural cuando los niños son pequeños. ¿Recuerdas la primera vez que tu hijo intentó caminar? Estaba de pie junto al sofá y tú estabas a casi un metro de distancia diciéndole: «Eso es, vamos. Inténtalo. Puedes hacerlo. Eso es». El niño dio medio paso y se cayó, ¿y qué le dijiste? No dijiste: «Niño tonto; ¿no puedes caminar?». Más bien, aplaudiste muchísimo y dijiste: «¡Sí, sí! ¡Eso es! ¡Eso es!». El niño se levantó y lo intentó de nuevo, y a su debido tiempo, caminó.

Fue tu ánimo al esfuerzo lo que infundió en el niño el valor para intentarlo de nuevo. Qué triste que olvidemos esta técnica de enseñanza creativa a medida que el niño crece. Entramos en la habitación de Sofía y vemos que hay doce juguetes en el suelo. Con calma, le pedimos a Sofía que los guarde en el juguetero. Volvemos a los cinco minutos. Hay siete juguetes en la caja y cinco en el suelo. Tenemos una opción. Podemos decir palabras condenatorias, como: «Te dije, Sofía, que pongas estos juguetes en el juguetero». O podemos elegir palabras alentadoras: «¡Sí! Siete en la caja». Apuesto a que los otros cinco se meten en la caja. Las palabras de ánimo motivan el comportamiento positivo; las palabras condenatorias malogran el esfuerzo.

Hace varios años, fui al hospital a visitar a un chico de trece años que tenía úlceras de estómago. En un esfuerzo por descubrir la dinámica emocional de su vida, le pregunté:

—¿Cómo te llevas con tu padre?

—No muy bien —me respondió.

—¿Puedes darme algunos ejemplos? —le pregunté.

—Si saco un notable, mi padre siempre me dice: "Deberías haber sacado un sobresaliente". Si estoy jugando a la pelota y hago un doble, mi padre me dice: "Deberías haber hecho un triple. ¿No puedes correr?". Si corto el césped, cuando termino, mi padre siempre encuentra algo malo en mi trabajo, como por ejemplo: "No te metiste debajo de los arbustos. ¿No ves la hierba debajo de los arbustos?". Nunca hago nada bien.

Conocía al padre del chico. Según todos los criterios objetivos, se le habría considerado un buen padre. Sabía sus intenciones. Intentaba decirle a su hijo: «Cuando juegues a la pelota, da lo mejor de ti. Cuando vayas a la escuela, desarrolla tu potencial. Cuando hagas un trabajo, hazlo bien». Sin duda, recordaba las palabras de su propio padre, quien le dijo: «Si vale la pena hacer un trabajo, vale la pena hacerlo bien». El padre intentaba animar a su hijo a la excelencia en todos los ámbitos de la vida, ¿pero entiendes lo que su hijo escuchaba? «Nunca hago nada bien». Las bienintencionadas palabras del padre servían como fuente de desánimo para el hijo adolescente y crearon una profunda confusión emocional en su interior.

El momento de ayudar a un niño a convertir un notable en sobresaliente no es el día en que lleva el boletín de notas a casa. Ese es el día para elogiar al niño por el notable. Tres días más tarde, cuando el boletín de notas esté de nuevo en el escritorio del maestro, el padre puede decir: «Michael, hiciste un buen trabajo. Obtuviste un notable en matemáticas. ¿Qué crees que podríamos hacer para subir ese notable a sobresaliente el próximo trimestre?». Es probable que tus elogios por los esfuerzos pasados lo animen a perseguir el objetivo más alto. El momento de enseñar al niño a convertir el doble en triple no es el día en que hace el doble. Ese es el día para gritar tus elogios desde la barrera: «¡Sí! ¡Un doble!». Dos tardes después, puedes mostrarle en el patio cómo deslizarse a tercera y alargar el doble hasta convertirlo en triple. El momento de enseñar a un niño a cortar el césped debajo de los arbustos no es el día en que termina de cortar el césped. Ese es el día para elogiarlo por el césped cortado. «¡Oye, Mike, buen trabajo, hombre! Mucho trabajo duro. El patio se ve genial.

Gracias por cortar el césped». El sábado siguiente, cuando vuelva a cortar el césped, el padre puede decirle: «Michael, ¿ves esa hierba debajo de los arbustos? Es difícil de llegar allí. Tienes que entrar y salir, pero estoy seguro de que puedes hacerlo. Estás haciendo un gran trabajo». Casi puedo garantizarte que la hierba debajo de los arbustos quedará nivelada. Los niños responden a las palabras de ánimo. Esas palabras infunden valor para esforzarse y alcanzar mayores niveles de potencial. En una familia sana, las palabras de ánimo son una forma de vida.

Cuando nuestros hijos eran pequeños y nos mudábamos de una casa a otra, descubrí la siguiente carta mientras hurgaba en unas cajas viejas. Se la escribí a Derek después que él pasara un día bastante desalentador en la práctica de baloncesto.

Querido Derek:

Sé que el partido de anoche fue una gran decepción para ti, y con razón. Siempre que no logramos el nivel que sabemos que tenemos, nos disgustamos. Un revés en el logro de nuestras metas siempre es duro. Lo sé, porque yo mismo he tenido unos cuantos.

Esta mañana, estaba pensando en personajes bíblicos que tuvieron reveses: (1) José cuando sus hermanos lo vendieron como esclavo, (2) José cuando la esposa de Potifar lo acusó falsamente, (3) Abraham cuando mintió y dijo que su esposa era su hermana, (4) Pedro cuando negó que conocía a Cristo. Sé que ellos también debieron sentirse mal con sus reveses. Sin embargo, todos llegaron a ser grandes hombres de Dios.

Sé que tú no te rindes. Sé que te recuperarás y darás lo mejor de ti. Aun así, quería que supieras que entiendo tu desánimo.

Te quiero mucho y estoy orgulloso de ti, sin importar cómo juegues. Tienes carácter y eso es lo que cuenta de veras, ¡¡¡con la pelota y en la vida!!!

Con amor,

Papá

Las palabras de ánimo, escritas o habladas, viven en la mente de los niños mucho después que las olviden los padres que las pronunciaron.

CORRECCIÓN CREATIVA

El tercer aspecto de la enseñanza creativa es la corrección creativa. En una familia amorosa, los padres corrigen cuando es necesario. No obstante, es importante que la corrección se haga de forma creativa. Recuerda: nuestro objetivo es enseñar de tal forma que desee saber más. Queremos animar al niño para que tenga un comportamiento positivo. La corrección puede ser negativa o positiva. Veamos un ejemplo positivo de corrección.

En primer lugar, debemos asegurarnos de no corregir comportamientos que no necesitan corrección. En nuestros esfuerzos por enseñar a nuestros hijos, a veces reprimimos la creatividad en favor de la conformidad. La creatividad es el maravilloso don de pensar fuera de lo común. Nuestra creatividad es la que nos permite desarrollar la singularidad implantada en cada uno de nosotros. Frenar esta creatividad es hacer que los niños parezcan galletas en lugar de copos de nieve. El Dr. Howard Hendricks, conferenciante nacional sobre el tema de la creatividad, habla del niño que dibujó flores con caras. La maestra le dijo: «Johnny, las flores no tienen cara».

Johnny contestó: «¡Las mías sí!». La creatividad de Johnny sigue viva, pero si su maestra tiene éxito, sus flores acabarán pareciéndose a las de todos los demás. En una familia sana, solo tratamos de corregir los tipos de comportamientos que son destructivos y perjudiciales para el desarrollo del niño. No intentamos destruir las expresiones únicas de creatividad del niño.

Una buena pregunta que deben hacerse los padres es: «¿El comportamiento que estoy a punto de corregir es de veras destructivo para mi hijo? ¿Será perjudicial para su futuro si permito que esto continúe?». Si la respuesta es afirmativa, la corrección está en orden.

El desafío de la enseñanza creativa

Si la respuesta es negativa o si no estás seguro, es hora de explorar más a fondo el comportamiento del niño. Tal vez encuentres una oportunidad para fomentar el desarrollo de la creatividad y la imaginación. Por ejemplo, la maestra podría haber respondido a la flor con cara de Johnny pidiéndole que le explicara lo que dice la flor. Entonces, Johnny podría usar su imaginación para expresar un mensaje que tal vez revelara algo de sus propios pensamientos y sentimientos, y le daría a la maestra una idea de lo que pasa por la mente de Johnny. Hacer preguntas antes de decidir corregir es una protección que han aprendido los padres saludables.

Suponiendo que sea necesaria la corrección, debemos corregir con amor, no con enojo incontrolado. El amor busca el bienestar del niño y cree que la corrección dada es para el beneficio a largo plazo del niño. Las expresiones de ira incontrolada no son más que el desahogo de nuestra propia frustración y pueden ser muy destructivas para el niño. No estoy sugiriendo que un padre nunca deba sentirse enojado con un niño; eso es poco realista. El enojo es la emoción que surge en nuestro interior cuando percibimos que el niño actuó mal, como cuando se niega a seguir nuestras instrucciones o interpreta nuestro «no» como un «tal vez» que podría convertirse en un «sí» en el caso de que nos suplique el tiempo suficiente.

El enojo es una emoción muy normal y, a menudo, saludable. Su propósito es motivarnos a tomar medidas constructivas; sin embargo, los padres a menudo permiten que su enojo se desborde, y terminan con palabras y comportamientos destructivos. Si sientes enojo hacia tu hijo y crees que necesita que le corrijan, será mucho mejor que contengas tu respuesta inicial, te des tiempo para calmarte y luego regreses para corregir de palabras al niño y para aplicarle más disciplina si es necesario.

El amor hace la pregunta esencial: «¿La corrección que estoy a punto de dar es en beneficio de mi hijo (o de toda la familia/comunidad)?». Esta realidad es la que debemos comunicarle al niño en nuestros esfuerzos por corregir. «Te quiero mucho. Te amo mucho. Y quiero verte vivir hasta la edad adulta. Por lo tanto, nunca más debes montar en bicicleta sin casco. ¿Entendido?». Si después de esta cariñosa corrección le entregas al niño un recorte de periódico sobre un adolescente que murió al ser lanzado de una bicicleta, es probable que tengas un hijo que lleve casco para siempre.

La corrección creativa también debe tratar de explicar. Por lo general, las reprimendas no corrigen el comportamiento. Al contrario, condena a los niños al ostracismo. Tan pronto como el niño tenga edad suficiente para entender, debemos tratar de explicarle el mal comportamiento y darle instrucciones para el futuro. Nuestro propósito no es humillar al niño insultándolo, sino corregirle para que se convierta en una persona responsable. Llamar «estúpido» a un niño revela más sobre nuestra propia inteligencia que sobre la del niño. Ningún adulto pensante desearía transmitir esa idea a un niño. Esto no significa que, si hemos recurrido a ese tipo de insultos, seamos padres disfuncionales para siempre. Lo que sí significa es que debemos actuar para confesarle al niño lo que hicimos mal. «Lamento haber perdido los estribos, y lamento en especial haberte llamado "estúpido", pues eso no es cierto. Eres una persona muy inteligente. Fui yo el que cometió la imprudencia de utilizar esa palabra. Estaba enfadado y no supe controlarme antes de empezar a hablar. Quiero pedirte que me perdones. Quiero ayudarte a convertirte en una persona aún más sabia de lo que eres ahora, y quiero seguir aprendiendo a ser un buen padre». De seguro que estas son las palabras de un padre sabio. Los hijos están dispuestos a perdonar el fracaso si nosotros estamos dispuestos a admitirlo.

El tercer principio de la corrección creativa es que solo nos ocupamos del asunto en cuestión. No sacamos a relucir los fracasos del pasado. Hacer desfilar ante un niño todos sus fracasos pasados antes de corregirle por su fracaso actual es comunicarle que, en efecto, debe

El desafío de la enseñanza creativa

ser un fracaso. ¿Cuántas veces fracasó Edison antes de inventar la bombilla? Nadie llama fracasado a Edison, aunque fracasó muchas más veces de las que tuvo éxito. Tu hijo puede ser un Edison. No lo desanimes presentándole sus fracasos pasados.

A los padres que tienden a ser perfeccionistas, debo agregar esta advertencia: por favor, no esperen la perfección de sus hijos. Las máquinas pueden funcionar perfectamente, al menos si todo está en orden, pero tu hijo no es una máquina. Es un ser humano, lleno de potencialidades y escollos. La tarea de los padres es ayudar al niño a evitar los obstáculos en un esfuerzo por alcanzar su potencial. La mejor manera de lograrlo es no exigiendo perfección, sino fomentando el esfuerzo y haciendo correcciones cuando sean necesarias.

Darle valor para volver a intentarlo es mucho más productivo que decir: «Bueno, fracasaste otra vez. ¿Por qué no lo dejas?» o «Déjame hacerlo por ti». La filosofía de crianza «déjame hacerlo por ti» genera niños temerosos, pasivos e improductivos. Cuando los padres «toman las riendas», reprimen la iniciativa del niño de aprender. Recuerda, nuestra tarea como padres no es hacer el trabajo; nuestra tarea es despertar el deseo en nuestros niños por saber más, a fin de que estén motivados en gran medida para experimentar la alegría de aprender y convertirse en adultos productivos.

Si el niño tiende a desanimarse con facilidad en sus esfuerzos y parece demasiado sensible a las críticas, es posible que los padres deseen mostrarles las biografías de personas como Thomas Edison, Helen Keller, Babe Ruth y George Washington Carver, que se erigen como monumentos de lo que puede lograrse a través del fracaso. El fracaso es nuestro amigo, no nuestro enemigo. Cada fracaso nos enseña a hacer las cosas de otro modo. Con una nueva perspectiva, nos acercamos más a la verdad. A través de estas biografías, la percepción que los niños tienen del fracaso puede cambiar en una dirección positiva.

AFIRMACIÓN CREATIVA

El cuarto aspecto de la enseñanza creativa es la afirmación creativa. La afirmación verbal de nuestros hijos difiere de las palabras de ánimo en que las palabras de ánimo suelen estar vinculadas a las acciones del niño, mientras que la afirmación consiste en afirmar al propio niño. «Te quiero. Eres maravilloso. Me gusta tu pelo. Tus ojos son hermosos. Eres muy inteligente. Eres alto y guapo. Eres fuerte» son palabras de afirmación sobre quién es el niño. En familias sanas, los padres tratan de desarrollar una autoestima saludable señalando los atributos positivos de la personalidad, el cuerpo o la mente del niño. La afirmación es acentuar lo positivo. No ignoramos lo negativo, sino que buscamos afirmar al niño en un esfuerzo por superar los mensajes negativos que recibirá de sus compañeros y del autoanálisis.

Los niños de hoy se comparan con los modelos atléticos y fotogénicos que se ven en la televisión y las redes sociales. Según estos estándares perfeccionados, casi todos los niños se quedan cortos. Es tarea de los padres ayudar al niño a desarrollar una autoestima saludable en un mundo que ha exaltado lo bello, lo inteligente y lo atlético, y nos ha dejado al resto, ciudadanos promedio, hundidos en sentimientos de inferioridad. Como padres, debemos compensar este desequilibrio.

«De todas las palabras que te digo, ¿cuál es la que más te gusta escuchar?», le preguntó una madre a su hijo de ocho años.

«Cuando me dices lo fuerte que soy», respondió el niño con una sonrisa dibujándose en su rostro. En esta breve conversación, una madre ha aprendido el poder de las palabras de afirmación. Los padres que enseñan de forma creativa tratarán de afirmar el valor de sus hijos al darles afirmaciones verbales.

CAPÍTULO SIETE

El desafío de la enseñanza constante

En mis estudios personales de antropología, nunca he observado una cultura en la que no se espera que los padres orienten a los hijos. La realidad biológica es que el niño humano nace prácticamente indefenso. Si se le deja solo, lo más probable es que el bebé muera. La crianza comienza con el primer toque tierno de una madre que amamanta a su bebé. Las investigaciones demuestran con claridad que los bebés que reciben caricias y mimos desarrollan sentimientos de seguridad más saludables que los bebés que reciben poco contacto táctil. Por lo tanto, la orientación del niño por la acción de los padres comienza en las primeras horas de su vida. En nuestra sociedad, continúa durante al menos dieciocho años.

Disponemos de dieciocho años para llevar a un niño de un estado de dependencia total a un estado de relativa independencia. En las familias funcionales, los padres reconocen y aceptan de buen grado esta responsabilidad de formación. Esta formación suele requerir más tiempo que la instrucción verbal. *Decirle* a un niño cómo hacer algo es más fácil y requiere menos tiempo que *mostrarle* cómo hacerlo, observar su comportamiento y hacer nuevas recomendaciones para que mejore.

Este proceso de formación no solo implica la preparación en ciertas habilidades, como leer, escribir, bañarse y montar en bicicleta, sino también enseñar al niño cómo responder a emociones como el miedo, el enojo y la decepción. Implica el desarrollo del carácter con énfasis en valores fundamentales como la honradez, el trabajo duro y la valentía. Si este trabajo es exigente para los padres, también es gratificante. La recompensa está en la calidad de vida del niño, y el beneficio secundario es que la formación del niño afecta de manera positiva a la sociedad en general. Como dijera una vez el Dr. Karl Menninger: «Lo que se les haga a los niños, se le hará a la sociedad»[1]. De seguro que la formación de los niños es una noble empresa. Entonces, ¿cómo podemos tener éxito en una responsabilidad tan grande?

ENSEÑAMOS CON NUESTRO EJEMPLO

Empecemos por el principio. Nuestros niños aprenden primero y, sobre todo, según nuestro ejemplo. Siempre están observando nuestras acciones, nuestro estilo de vida. Si lo que decimos no es coherente con lo que hacemos, son los primeros en reconocerlo y casi siempre nos lo dicen. Alguien sugirió que hasta los quince años, un chico hace lo que le dice su padre; después de eso, hace lo que hace su padre. Para la mayoría de los padres, esta idea es a la vez aterradora y maravillosa. Es sobrecogedor saber que tenemos un impacto tan tremendo en las vidas de nuestros hijos, pero es alentador darnos cuenta de que, sin importar lo que sepamos o no sobre la crianza de los hijos, si vivimos vidas dignas de emular, influiremos de manera poderosa en nuestros hijos en una dirección positiva. Se le atribuye a Abraham Lincoln haber dicho: «No considero pobre a ningún hombre que haya tenido una madre piadosa»[2]. Lo que somos les habla en voz alta a nuestros hijos y quizá sea nuestro método más poderoso de formación.

El desafío de la enseñanza constante

Permíteme darte un ejemplo personal. Durante los primeros años de mi infancia, mi padre trabajaba en el tercer turno en una fábrica textil, yendo a trabajar a las once de la noche y saliendo a las siete de la mañana. Cada mañana, mientras yo me preparaba para ir a la escuela, él se preparaba para irse a la cama. Mi padre tenía la costumbre de orar en voz alta. No me refiero a gritar, sino a orar con voz normal en voz alta. Cuando iba de mi habitación a la cocina, a menudo lo escuchaba orar. A veces, lo oía orar por mí. Sabía que la oración era importante para él, y se volvió importante para mí. Llegó a ser tan importante que mis estudios universitarios y de posgrado en antropología, filosofía e historia, en los que había poco lugar para la oración, no borraron mi compromiso personal con el ejemplo de mi padre.

No quiero decir que nuestro ejemplo determinará las prácticas de nuestros hijos a lo largo de la vida. El determinismo no es coherente con la libertad del hombre. Lo que quiero decir es que nuestro ejemplo ejercerá una poderosa influencia sobre nuestros hijos y que, en realidad, la influencia de nuestro ejemplo nunca se olvidará. La pregunta más seria que alguna vez se me ha pasado por la cabeza como padre es esta: «¿Y si mis hijos resultan ser como yo?». Esa pregunta ha facilitado muchas decisiones morales difíciles. No pretendo haberlo conseguido, pero mi objetivo claro es vivir mi vida de tal manera que no me avergüence si mis hijos copian mis decisiones.

Esto no significa que los niños no puedan aprender de un ejemplo negativo. A riesgo de aburrirlos con mi propia vida (¿cómo es posible?), permíteme que vuelva a ser personal. Mi abuelo era alcohólico. También trabajaba en una fábrica textil, pero después de muchos años de antigüedad, trabajó en el primer turno, entrando a trabajar a las siete de la mañana y saliendo a las tres de la tarde. A mí me parecía, cuando tenía diez años, que vivía para los fines de semana y vivía para beber. Todos los viernes por la tarde caminaba un kilómetro hasta Goat Turners, el lugar de reunión local para hombres de su edad. Bebía hasta que oscurecía y luego intentaba volver andando a casa.

En numerosas ocasiones, alguien del vecindario tocaba a nuestra puerta, llamaba a mi padre y le decía que su padre se había caído a la zanja y necesitaba ayuda. En varias ocasiones, acompañé a mi padre, sacando a mi abuelo de la zanja, llevándolo a casa en hombros, dándole un baño y acostándolo. De adolescente, perdí todo deseo de beber alcohol, y confieso que nunca he tenido la tentación de beber. Como adulto mayor, ahora reconozco que esa decisión me ha ahorrado miles de dólares a lo largo de los años y es probable que me haya salvado la vida. Todos esos beneficios se los debo a mi abuelo. Su ejemplo hablaba alto y capté el mensaje.

Aquellos de ustedes que crecieron con lo que consideran malos ejemplos parentales y que han leído investigaciones que indican que los hijos de alcohólicos tienen más probabilidades de convertirse en alcohólicos, los hijos de padres abusivos tienen más probabilidades de abusar, etc., anímense. La individual libertad personal es una realidad. Aunque seas más propenso de manera psicológica y física al comportamiento en el que tus padres sirvieron de ejemplo, no es necesario que repitas sus estilos de vida destructivos. Tu elección de seguir otro camino, el aliento de tus amigos y la ayuda de Dios pueden influir en ti en la dirección opuesta. Puedes convertirte en un padre funcional de una familia disfuncional. Uno de los rasgos maravillosos del ser humano es que podemos cambiar el rumbo de nuestra vida.

Nuestra elección de cambiar se convierte en un ejemplo positivo para nuestros hijos. Recuerdo el día en que mi padre dejó de fumar. Estábamos pintando una habitación juntos. Su tos seca era cada vez más aguda. Estaba en la escalera cuando buscó en su bolsillo otro cigarrillo, pero en lugar de encenderlo, lo retorció y lo arrojó al suelo. Buscó el medio paquete que le quedaba en el bolsillo, lo retorció entero, lo arrojó al suelo y dijo: «Ese es el último cigarrillo que fumo. No necesito esas cosas». Nunca volvió a fumar. Siempre lo he admirado por esa decisión. Me demostró la realidad de la libertad humana para elegir el camino más elevado, y me formó con su ejemplo.

ENSEÑAMOS AL MOSTRAR CÓMO HACERLO

Solo tenía seis años (sé su edad porque me lo dijo), cabello rubio y ojos azules, y estaba entusiasmado. Supuse que su padre tendría entre veintitantos años o poco más de treinta años. Eran los únicos en el lago antes de que llegara yo. No me conocían y yo no los conocía a ellos, pero Brent, el niño de seis años, estaba ansioso por mostrarme el pescado que atrapó y por informarme que su padre le estaba enseñando a pescar. Su padre sonrió afirmativamente, y después de algunas exclamaciones más sobre la captura de Brent, seguí caminando alrededor del lago sabiendo que había tenido el privilegio de observar una sesión en vivo de enseñanza para padres.

Es posible sentarte en la sala con tu hijo y decirle cómo ir a pescar, pero es mucho más eficaz llevarlo al lago y mostrarle cómo hacerlo. Los equipos de fútbol pueden ver videoclips, idear estrategias y comprender mejor a sus rivales, pero las verdaderas habilidades se aprenden en el campo de entrenamiento. Hacer la cama, fregar los platos, fregar el suelo y lavar el auto se aprenden mejor en el trabajo.

Gran parte de la educación preescolar de los padres entra en la categoría de formación mostrándoles cómo hacerlo. Les enseñamos a contar canicas o manzanas tocando los objetos mientras decimos: «Uno, dos, tres, cuatro...». En poco tiempo ya tocan los objetos y dicen: «Uno, dos, tres, cuatro...». Cuando llegó nuestra hija, Shelley, el furor era «Enseñe a su hijo a leer» antes de enviarlo a la escuela. Karolyn hizo tarjetas con las palabras *dedos, rodilla, nariz, mano, puerta, manzana, naranja*, etc. Varias veces al día, Shelley pedía las tarjetas y quería «leer». Al poco tiempo, reconocía estas palabras en los libros de cuentos que leíamos juntos y, antes de ir a la escuela, ya leía. Karolyn le enseñó «mostrándole cómo hacerlo».

En casi todas las culturas, los padres les enseñan a los niños las habilidades básicas de la vida. Ya se trate de cazar monos, plantar boniatos o encontrar bayas, los padres les enseñan al mostrarles cómo hacerlo.

ENSEÑAMOS AL ENTRELAZAR ACCIONES CON PALABRAS

E. V. Hill, el difunto pastor de una gran congregación del centro sur de Los Ángeles, cuenta esta historia de su propia vida. Era un adolescente cuando una noche llegó a casa borracho. Al entrar a su habitación, vomitó por todo el suelo. En estado de embriaguez, rodó sobre la cama y se quedó dormido. Su madre, observando toda la escena, lo dejó dormir. A la hora apropiada de la mañana, sin embargo, la instrucción de su madre lo despertó.

—E. V., levántate. Limpia el piso. Báñate. Tú y yo nos vamos de viaje.

—No quiero ir de viaje —dijo E. V.

—No te pregunté si querías ir de viaje. Te dije: "Tú y yo nos vamos de viaje". Ahora limpia este piso y báñate —le respondió su madre.

E. V. inició el proceso y a su debido tiempo estuvo listo para su viaje. A última hora de la mañana, él y su madre subieron al metro con destino desconocido para E. V. Al salir de la estación, se encontró en la zona de Skid Row. Su madre cocinaba en una de las misiones de rescate dos noches a la semana, por lo que muchos de los hombres de Skid Row la conocían. Mientras la madre y el hijo caminaban por la acera, los hombres la saludaban.

—Buenas tardes, mamá Hill.

—¿Por qué estás aquí tan temprano? —le preguntó un hombre.

—Este es mi hijo, E. V. —le respondió ella—. Empezó a beber y planea vivir aquí. Quería que bajara y lo viera antes de que oscureciera.

El pastor Hill testificó: «Esa fue la última vez que bebí alcohol». Su madre era una educadora eficiente (entrelazando acciones con palabras). Un sermón sobre los males del alcohol no habría tenido el mismo efecto.

Tanto si estamos corrigiendo un comportamiento que consideramos destructivo como si estamos enseñándoles a los niños historia o moral, las acciones unidas a las palabras son más eficaces que las

El desafío de la enseñanza constante

palabras por sí solas. Por ejemplo, digamos que les estás enseñando a tus hijos algo de la historia de Estados Unidos y quieres que conozcan las raíces morales religiosas de nuestra nación. Es posible darles una conferencia y también es posible exponerlos a libros de historia. Sin embargo, ¿tendría eso el mismo efecto que tomar un tren a Washington D. C., pararse frente a la pared sur del Monumento a Lincoln y leer las propias palabras de Lincoln grabadas en las paredes de granito? «Que esta nación, bajo Dios, tendrá un nuevo nacimiento de libertad. Y que el gobierno del pueblo, por el pueblo y para el pueblo, no desaparecerá de la faz de la Tierra».

La familia que explora Washington D. C., también podría caminar hasta la pared norte y leer: «Como se dijo hace unos tres mil años, aún se debe decir: "Los juicios del Señor son verdaderos, todos ellos justos"». Podrían visitar el Monumento a Jefferson en la orilla sur de la Cuenca Tidal en Washington, y leer las palabras de Jefferson: «Ningún hombre [...] sufrirá con motivo de sus opiniones o creencias religiosas; sino que todo el mundo será libre de profesar y defender con argumentos sus opiniones en materia de religión».

Puede que las palabras concretas de las inscripciones se olviden, pero la imagen visual de estar parado en la base del monumento con su familia leyendo esas palabras siempre será un recuerdo positivo. Y si el estudiante tomó notas sobre las inscripciones, cuando escriba un trabajo para el instituto, es probable que lo veas sacar sus viejos apuntes e incluirlos en su trabajo de historia.

Sin importar lo que intentes enseñar, es útil preguntarse: «¿Qué podría hacer con mi hijo para que esta lección sea más eficaz?». Los niños aprenden mejor haciendo. Si quieres que tus hijos conozcan la trágica realidad de la crueldad del hombre hacia el hombre, llévalos al Museo del Holocausto en Washington D. C. o en Israel. Nunca olvidarán la experiencia.

Entrelazar acciones y palabras es muy eficaz en la formación de los niños. Esto es cierto tanto en la enseñanza de habilidades como en la formación del carácter. Hacer cosas con tus hijos, aunque no exista un objetivo educativo específico, es en sí enseñarles el valor de las relaciones. En las familias funcionales, padres e hijos hacen juntos cosas. A veces, estas actividades tienen objetivos educativos específicos. Otras veces, son solo «para divertirse», pero todas las actividades familiares son, en realidad, momentos de formación para los niños. Quizá lo más importante sea que les estamos dando un ejemplo de crianza que hace hincapié en que padres e hijos son una familia y que las familias hacen cosas juntas.

Utilizar tu creatividad para que estos «momentos juntos» sean también «momentos de aprendizaje» puede ser un verdadero reto, pero las recompensas son duraderas. Incluso lo mundano puede convertirse en una experiencia de aprendizaje divertida si eres creativo. Una familia me contó que cuando llega el momento de limpiar la casa, fingen que son un servicio de limpieza profesional que limpia la casa de otra persona. Se organizan y asignan responsabilidades. Un supervisor, casi siempre uno de los padres (pero también podría ser un adolescente mayor), se asegura de que cada trabajo se realice «con calidad». A la hora acordada, tienen un descanso oficial y todos reciben una golosina. Una vez terminada la tarea, dan un paseo juntos y comentan lo que aprendieron sobre la vida gracias al trabajo de limpieza.

«A menudo los niños aprenden cosas que no procurábamos enseñarles», dice la madre. «Por ejemplo, hubo una vez que nuestro hijo de nueve años dijo: "Descubrí que si no dejas pelos en el lavabo, es más fácil para la persona que debe limpiarlo". No era una lección que queríamos enseñar, pero de seguro que nos alegramos de que la aprendiera. Y lo cierto es que, desde entonces, siempre sacaba los pelos del lavabo cada vez que salía del baño».

En una familia amorosa, los padres orientan a sus hijos mediante una formación constante desde la infancia hasta la adolescencia. Nuestro propio modelo, deliberado o no, es nuestro método de formación más eficaz.

APRENDER A ENSEÑAR Y FORMAR

Puedo escuchar a algunos padres decir: «Espera. Para el tren. Quiero bajarme. Mis padres no tenían estudios, pero nos querían y salimos adelante. Entonces, ¿por qué darle tanta importancia? ¿No estamos haciendo que la crianza de los hijos sea demasiado difícil?».

Debo confesar que en cierto modo me agradan estos pensamientos. Sin embargo, hay algunas razones muy reales por las que los padres de hoy deben ser mucho más deliberados en el proceso de crianza. En el modelo tradicional de los primeros ciento cincuenta años de Estados Unidos (y en las culturas iletradas) la cultura era mucho más homogénea. La población en general seguía un modelo de vida aceptado. Lo bueno era lo bueno y lo malo era lo malo, y la mayoría de la gente estaba de acuerdo en lo que correspondía a cada categoría. Los padres, la escuela, la iglesia y los vecinos se ponían de acuerdo en cuanto al comportamiento adecuado de los niños y cada uno apoyaba a los demás. Si los padres amaban a sus hijos, satisfacían sus necesidades físicas y «hacían lo que les resultaba natural» al criarlos, es probable que los niños saldrían bien. Una parte de ese modelo familiar tenía que ver con la autoridad paterna; a los niños se les enseñaba a respetar a sus padres y a otros adultos. Como todos enseñaban al niño los mismos principios, no le resultaba difícil para el niño entender y aprender a vivir dentro de ese marco.

Sin embargo, el mundo actual es distinto por completo. No tenemos ningún sistema de pensamiento ni estilo de vida aceptado en el que toda la sociedad esté de acuerdo. Los mensajes que compiten por la atención del niño suelen ser contradictorios. El estilo de vida del vecino de al lado (o incluso de la iglesia) puede ser radicalmente diferente del estilo de vida de la familia del niño. El niño puede llegar a estar muy confundido; por lo tanto, la orientación de los padres es más esencial que en épocas anteriores.

Lo que sigue siendo cierto en todas las sociedades es que los padres tienen la responsabilidad primordial de enseñar y formar a sus propios hijos. A pesar de que en la cultura occidental contemporánea la escuela se ha convertido en un actor principal, en mi opinión los padres no deben abdicar de esta responsabilidad. ¿Quién interpretará los mensajes que el niño escuche en la escuela, en la televisión, en línea, en la iglesia y en el vecindario? Creo que esa responsabilidad es de los padres. Para quienes pertenecemos a la tradición judeocristiana y creemos que los Diez Mandamientos sirven de base para la fibra moral de la sociedad, nuestro papel como padres adquiere una importancia extrema en la sociedad pluralista moderna. Por lo tanto, es cierto que las exigencias de la crianza de los hijos son mucho mayores hoy que en una generación pasada. Ya no podemos limitarnos a hacer con nuestros hijos lo que nos nace de forma natural. El niño moderno está demasiado expuesto a estilos de vida peligrosos y destructivos. Si amamos de veras a nuestros hijos, tenemos la obligación de enseñarles y educarles de acuerdo con los principios que creemos verdaderos. Este capítulo está dirigido a quienes sinceramente desean perfeccionar sus habilidades para enseñar y formar a sus hijos.

LLÉVALO A CASA

Sé que les estoy escribiendo a muchas personas que son muy hábiles en la enseñanza y la formación. Algunos de ustedes son docentes profesionales y no solo tienen una formación académica en educación, sino también algunos años de enseñanza en escuelas públicas o privadas. Algunos han estado educando en casa durante años. Otros ejercen profesiones que han requerido largos y arduos programas de educación formal. Si terminaste la universidad y tal vez la escuela de posgrado, serás muy consciente de que algunas personas son buenos profesores y otras ocupan puestos profesionales como profesores que nunca han desarrollado las habilidades de la enseñanza. Tal vez

El desafío de la enseñanza constante

aprendieran de un ejemplo negativo acerca de cómo no enseñar. Algunos de ustedes pertenecen a la profesión médica, que tiene una extensa historia en la combinación de la formación con la acción, y la enseñanza con la instrucción.

La mayoría de mis lectores habrá adquirido algunas destrezas en la vida, y lo más probable es que al menos algunas de esas habilidades las aprendiera en entornos de enseñanza o formación. Aprendieron numerosas habilidades que aplican en su vocación y en sus otras relaciones profesionales. Lo que siempre me ha sorprendido es que pocas personas le devuelven estas habilidades a la familia. Es como si, en nuestros esfuerzos por separar «trabajo» y «familia», los hubiéramos compartimentado tanto que no hubiéramos sabido aprovechar las ventajas de uno para el otro. Por ejemplo, he hablado con muchos ejecutivos que han aprendido la habilidad de escuchar de manera reflexiva, en la que a menudo les dicen a colegas o clientes afirmaciones o preguntas como: «Lo que te escucho decir es...» o «¿Estás diciendo...?», y que encuentran esta sencilla técnica de comunicación muy útil en su profesión, pero que nunca han intentado utilizar esta habilidad para relacionarse con sus hijos.

Por lo tanto, el primer desafío es identificar las habilidades de enseñanza y formación que ya aprendiste en la vida y llevarlas a casa, dejando que tus hijos sean los beneficiarios de tu aprendizaje. ¿Qué has aprendido en tu vocación o en tu participación en la comunidad que puedas transferir a la enseñanza y formación de tus hijos? Por ejemplo, algunos de ustedes utilizan presentaciones de PowerPoint en su vocación. ¿Alguna vez has utilizado PowerPoint para explicarles algo a tus hijos? Has aprendido que tratar las ideas de otras personas como dignas de consideración es señal de sabiduría en el trabajo. ¿Es eso menos cierto en las relaciones familiares? Escuchar a una persona antes de responderle es algo habitual en la vida de muchos profesionales, y es probable que hayas aprendido esa habilidad. Sin embargo, ¿tienen tus hijos la sensación de que les escuchas, o tienen la sensación de que te riges por el dicho: «A los niños hay que verlos, no escucharlos»?

¿Por qué no te sientas con tu cónyuge y hacen una lista de todas las habilidades que cada uno de ustedes ha aprendido a lo largo de los años sobre cómo relacionarse con las personas, cómo comunicar información, cómo guiar a las personas en la toma de decisiones, cómo formar a las personas en habilidades, etc.? Hagan una lista que sea lo más descriptiva posible con cada habilidad. A continuación, decidan cuáles de estas podrían intentar utilizar esta semana con sus hijos para ser maestros o formadores más eficientes.

VE A BUSCARLA

Algunos de ustedes son padres jóvenes. No han tenido mucha experiencia en la enseñanza y la formación. Es posible que su vocación no requiera muchas habilidades transferibles. A decir verdad, tienen muy poca idea de cómo aprenden los niños y, por lo tanto, de cómo los padres pueden enseñar y formar de manera eficaz. Puede que se sientan ineptos, incluso asustados, ante esta enorme responsabilidad. La buena noticia es que hay ayuda práctica disponible. Requiere tiempo y, a veces, la inversión de un poco de dinero, pero miles de padres pueden dar fe de la eficacia de la educación formal para aprender a enseñar y formar a los niños.

La mayoría de las escuelas comunitarias ofrecen cursos con títulos como: Desarrollo infantil, Cómo aprenden los niños, Comprensión de los adolescentes o Principios de una enseñanza eficaz. La practicidad de estas clases dependerá, como es obvio, de la eficiencia del profesor y de la filosofía educativa que sustente el curso. Aun así, muchos de estos cursos pueden resultar útiles para los padres exigentes.

Muchas iglesias ofrecen ahora clases para padres que se centran en diversos aspectos de la enseñanza y la formación de los hijos. Incluso, con clases orientadas a enseñar a los niños en el entorno de la iglesia,

El desafío de la enseñanza constante

los principios de la enseñanza y la capacitación pueden trasladarse con facilidad al hogar. Estos cursos a menudo se centran en los distintos grupos de edad, como enseñar a preescolares, enseñar a niños o enseñar a adolescentes. Algunos cursos están diseñados para proporcionar las habilidades básicas para la enseñanza y la formación, mientras que otros se centran en ideas prácticas sobre cómo enseñar habilidades concretas y cómo abordar problemas específicos del desarrollo. Una mujer me dijo: «Nunca supe que otros padres tuvieran problemas en el aprendizaje del niño para ir al baño hasta que asistí a una clase de educación preescolar en mi iglesia. Tomé ideas de otros padres y del instructor, me fui a casa, cambié mi enfoque y me sorprendieron los resultados».

Fue en una clase de este tipo, centrada en la música y los niños, que mi esposa quedó impresionada por primera vez con el valor de la música como medio de enseñanza. Compró numerosos discos musicales (planos, negros, redondos, con pequeños surcos), y nuestro primitivo tocadiscos estadounidense se convirtió en el centro de muchas horas de enseñanza y formación de los niños. Los padres contemporáneos tienen teléfonos inteligentes; incluso se puede enseñar con música mientras se conduce en lugar de escuchar las noticias o la música de la radio.

En cualquier aspecto de la crianza de los hijos en el que te sientas deficiente, casi puedo garantizarte que, en algún lugar, alguien está impartiendo una clase que te proporcionará ayuda práctica. Tus dificultades en la crianza de los hijos son comunes a las de otros padres. Solo parecen únicas cuando eres padre soltero. Las universidades, iglesias, sinagogas y varios grupos cívicos ofrecen cursos para padres. Pide ayuda, ¡ve a buscarla!

OBSERVA A LOS DEMÁS

Se puede aprender mucho sobre la enseñanza y la formación de niños observando a profesores y formadores. Observa a otros padres en acción. Casi cualquier entorno social te dará la oportunidad de ver a padres relacionándose con sus hijos. El supermercado, la biblioteca, la iglesia, el centro comercial y el restaurante son escenarios donde interactúan padres e hijos. Observa tanto las interacciones positivas como negativas entre padres e hijos. Quizá quieras conseguir un cuaderno donde puedas anotar estas observaciones y reflexionar al respecto más tarde. Ten en cuenta que puedes aprender tanto de los ejemplos negativos de enseñanza y formación, así como de los positivos.

Los entornos informales antes descritos, te permiten observar a los padres en un formato informal. Puede que los padres no estén enseñando ni formando de manera consciente al niño. (En realidad, por supuesto, los padres siempre están enseñando y formando). También puedes aprender observando entornos deliberados para el aprendizaje. Considera la posibilidad de visitar un aula en la escuela de tu hijo. Si tus hijos aún no están en edad escolar, quizá puedas visitar el aula del hijo de un amigo tuyo. Observa al maestro en acción. Observa las interacciones verbales entre el maestro y los alumnos, y observa las acciones que realiza el maestro. Observa cómo se entrelazan las palabras, las acciones y las ayudas visuales en el aula. O visita el aula de la Escuela Dominical de tu hijo, y observa al maestro o maestros en acción. Si tu hijo está en edad preescolar, puedes ofrecerte como voluntario para asistir a una clase de preescolar una vez al mes. En muchas iglesias, los maestros han recibido formación sobre los estilos de aprendizaje de los niños en edad preescolar. En lo personal, me ha animado mucho la calidad de la enseñanza y la formación que se lleva a cabo en el departamento de preescolares de la iglesia a la que asisto. Los padres podrían aprender mucho observando a estos maestros.

Si todavía estás en la universidad o asistes a clases en un centro educativo local, observa a tus propios profesores. Puede que los métodos que utilicen contigo no se trasladen de forma directa a la enseñanza y formación de tus hijos, pero con algunas modificaciones, puedes obtener algunas ideas excelentes. Por otro lado, es posible que recibas ejemplos clásicos sobre «cómo no enseñar». Uno de mis recuerdos más vívidos de la escuela de posgrado es el de un profesor sentado al final de una mesa larga con siete estudiantes de posgrado sentados alrededor de la mesa escuchándolo leer sus notas escritas en un papel amarillento por el tiempo. Soltaba una perorata aburrida y, al principio de la clase, a menudo necesitaba cinco minutos para encontrar su lugar antes de poder empezar a leer de nuevo. No tardé en darme cuenta de que así no se enseñaba nada a nadie.

Otro lugar donde observar a maestros expertos es en algunos programas infantiles de televisión. Como es obvio, es posible que el maestro disponga de accesorios más coloridos que los que tienes a tu disposición en casa, pero fíjate en el estilo de enseñanza y en la forma en que se utilizan las palabras y las acciones para enseñarles a los niños. Algunos programas infantiles son una fuente excelente para observar métodos de enseñanza creativos. También puedes incorporar estos programas como parte de tu propia enseñanza, pero si lo haces, hazlo de manera deliberada y no como una forma de «cuidar» a los niños y asegurarte de que están aprendiendo.

Por supuesto, hazles preguntas a otros padres sobre cómo enseñan y forman a sus hijos. Si eres amigo personal de maestros de escuela o de la Escuela Dominical, a estas personas casi siempre les entusiasma comparar ideas con los padres sobre cómo enseñar a los niños de forma creativa. Llevar un cuaderno de lo que observas, y anotar tus propias ideas y pensamientos en respuesta a lo que ves, puede hacer que tus observaciones tengan más sentido. Quizás captes una idea creativa en especial para enseñar a niños de quinto grado, pero tu hijo solo tiene tres años. Si no lo anotas, lo habrás olvidado para cuando llegue al quinto grado.

LEE UN LIBRO

Otra excelente fuente para desarrollar tus habilidades de enseñanza y formación es leer un libro o investigar en línea. Felizmente, hay muchos libros disponibles. Abundan los sitios web sobre la crianza de los hijos. Algunos libros están orientados a la enseñanza de grupos de edad específicos, como los niños en edad preescolar de tres a cinco años. Otros están escritos para ofrecer principios más básicos del proceso de enseñanza y aprendizaje. Ambos pueden resultar útiles. Tal vez una visita a la biblioteca pública local o a la biblioteca de tu iglesia te revele una gran cantidad de recursos entre los que puedes elegir. No todos tienen el mismo valor, por lo que puede ser útil pedirle consejo a un profesor. La mayoría de los maestros están dispuestos a hablar de los recursos con los padres interesados.

Una advertencia: No te obsesiones tanto con la lectura de libros sobre cómo ser padre que no te quede tiempo para serlo de verdad. He observado a algunos padres tan entusiasmados con la idea de educarse sobre cómo ser padres que sus hijos quedan desatendidos. Para cuando el hijo se va de casa, los padres son excelentes educadores. Lo lamentable es que solo tenemos una oportunidad de educar a nuestros hijos. Por lo tanto, debemos aprender sobre la marcha.

Para más información sobre cómo tú y tu familia pueden desarrollar una actitud de servicio, consulta el código en la página 185 para acceder a la Family Adventure Guide [Guía de aventuras familiares] en **www.5lovelanguages.com/5traits.** Esta guía tiene como objetivo ayudarte a poner en práctica las características saludables que se analizan en este libro. Encontrarás una serie de evaluaciones, cosas en las que pensar y oportunidades para profundizar en el tema.

CUARTA PARTE

Hijos que obedecen y honran a sus padres

CAPÍTULO OCHO

Por qué es importante la obediencia

Eran las cuatro y media de la tarde. Mi hijo, que entonces tenía diez años, y yo estábamos parados en el estudio.

—Lo siento, hijo, pero no puedes montar en bicicleta esta tarde. Ya conoces la regla. La bicicleta debe guardarse en el cobertizo todas las noches. Si la pasas por alto, no podrás montar en bicicleta al día siguiente. Anoche la dejaste afuera toda la noche; por lo tanto, esta tarde no puedes montar en bicicleta.

—Pero, papá —respondió Derek—, todos los chicos van a montar esta tarde. Déjame montar hoy y no montaré mañana.

—Comprendo que tengas muchas ganas de montar en bici hoy —le dije—. Pero tú y yo estuvimos de acuerdo en la regla y en las consecuencias. Lo siento, hoy no puedes montar en bicicleta. Entiendo; esto es duro para ti. Duele cuando no puedes ir a montar con tus amigos, pero debes aprender a guardar la bicicleta en el cobertizo cada noche.

Me imaginé a John, nuestro antropólogo residente, parado en la sala escuchando esta conversación. Muchos pensamientos pasaban por mi mente: ¿Pensaría que estoy siendo duro, cruel e inflexible? ¿O entendería que quiero a mi hijo, que me duele tanto como a él

109

no verlo montar en bicicleta con sus amigos? En realidad, no sabía cómo interpretaría John la situación, pero sabía que lo que hacía era el arduo trabajo de enseñar obediencia.

Esto es cada vez más difícil para los padres de hoy. Vivimos en una cultura cada vez más igualitaria donde se supone que todo el mundo tiene los mismos «derechos». El respeto por la autoridad, ya sea en el lugar de trabajo, en la escuela o en la iglesia, ha disminuido a medida que la gente se ha vuelto más cínica con respecto a sus líderes. Más allá de las influencias sociales, a los padres cansados y ocupados de hoy a menudo les resulta más fácil dejar que los pequeños Jacob o Katherine se queden despiertos hasta tarde o coman comida chatarra.

Es cierto que algunos padres abusan de la autoridad. Sin embargo, el mayor peligro es criar a un niño que crece sin los límites que necesita con tanta urgencia. En una familia sana y amorosa, la autoridad paterna se utiliza en beneficio de los hijos. Los padres están comprometidos con elevadas normas éticas y morales. Adoptan las virtudes de la bondad, el amor, la honradez, el perdón, la integridad, el trabajo duro y el trato a los demás con respeto. Los hijos que obedecen a esos padres se benefician de vivir bajo una autoridad sana.

AMOR Y OBEDIENCIA

Al igual que las sociedades y las naciones necesitan leyes y normas para funcionar, toda familia debe establecer y acatar ciertas reglas. Nuestro amor mutuo, nuestro deseo de bienestar y nuestro temor a las consecuencias es lo que nos motiva a la obediencia.

La obediencia, sin embargo, es algo que se debe aprender. No nacemos con un gen de obediencia; más bien, parece que nacemos con la disposición de poner a prueba las reglas y traspasar los límites. ¿Quién no ha visto a un niño de dos años acercar sus dedos a un objeto prohibido, esperando a ver si sus padres responden? La obediencia se aprende, y se aprende mejor cuando el niño se siente querido de veras por sus padres. Es decir, cuando el niño está profundamente convencido de que los padres se preocupan por su bienestar. Si el niño está convencido de que sus padres no lo quieren, de que solo se preocupan por sí mismos y se han propuesto hacerle la vida imposible, puede que cumpla las reglas en apariencia, pero se rebela en su interior. A su debido tiempo, esta rebelión se manifestará en una desobediencia flagrante.

El otro factor en el aprendizaje de la obediencia es experimentar la realidad de que todo comportamiento tendrá consecuencias. El comportamiento obediente trae consecuencias positivas; el comportamiento desobediente trae consecuencias negativas. Esta realidad constante es la que le enseña al niño el valor de la obediencia. Así que, en una familia amorosa, los padres se centrarán en estas dos realidades: amar al niño y hacer todo lo posible para que se sienta amado, y asegurarse de que experimenta las consecuencias de su comportamiento. Este proceso implica tres cosas: establecer reglas, fijar consecuencias (tanto buenas como malas) y administrar disciplina. Examinemos estas tres.

REGLAS BUENAS, REGLAS MALAS

Hacer o no hacer, esa es la naturaleza de las reglas. Las reglas dan pautas para la vida familiar. Son cosas que no hacemos en nuestra familia: masticar chicle en la mesa, rebotar una pelota de baloncesto en la cocina, salir de casa con las velas encendidas, saltar en el sofá o maltratar al perro. Estas son cosas que hacemos en nuestra familia: guardar las herramientas cuando terminamos de usarlas, guardar los juguetes cuando terminamos de jugar con ellos, apagar las luces cuando salimos de la habitación, decir «con permiso» cuando nos levantamos de la mesa de la cena, llevar nuestra ropa sucia al cuarto de lavado, llamar y avisarle a mamá o papá dónde estamos.

A veces las reglas son confusas, como «Apaga siempre las luces cuando salgas de casa, excepto cuando la abuela todavía esté despierta, el perro esté enfermo o cuando sepas que tu hermano está jugando en el patio». Con una regla así, lo único seguro es no salir nunca de casa. A veces, las reglas no están establecidas, como lo fue para el chico de quince años que dijo:

—Una regla en mi casa es "Nunca hables con papá cuando está borracho".

—¿Tu madre te dijo esta regla? —le pregunté.

—No, la aprendí por experiencia —me respondió.

Todas las familias tienen reglas, pero no todas las familias tienen reglas saludables. Las reglas buenas tienen cuatro características: son deliberadas, mutuas, razonables y se discuten con toda la familia.

Las reglas deliberadas son esas pensadas de manera consciente. No solo surgen de nuestra propia frustración en el momento, sino que surgen de una reflexión considerable sobre por qué se necesita la regla, cuál es su propósito y si beneficia de veras a todos. Las reglas deliberadas significan que no tenemos una regla solo porque lo fue en nuestras propias familias. Por ejemplo, muchas familias tienen la regla: «No cantamos en la mesa». Al preguntar por qué una familia tiene esta regla, a menudo la respuesta es: «Así era en mi casa». Ahora bien, pregunto: «¿Qué tiene de malo cantar en la mesa?». No estoy sugiriendo que sea una regla mala o buena; solo pregunto: «¿Por qué tienes la regla? ¿Qué intentas lograr con esta regla? Crear reglas de manera deliberada significa que pensamos en cada una de nuestras reglas y así no quedamos cautivos de alguna tradición sin sentido.

En segundo lugar, las reglas buenas implican la aportación mutua del padre y la madre. Cada uno de nosotros creció en familias diferentes; por consiguiente, teníamos reglas diferentes. Tiendo a traer mis reglas a mi familia, y mi esposa tiende a traer las suyas. Si estas reglas no concuerdan, a menudo tenemos conflictos sobre las reglas. Estos conflictos deben tratarse como cualquier otro conflicto matrimonial. Debemos escucharnos el uno al otro, tratar las ideas del otro con dignidad y respeto, expresar nuestros pensamientos y sentimientos

Por qué es importante la obediencia

sinceros y, si no podemos llegar a un acuerdo, preguntarnos: «Entonces, ¿en qué podemos estar de acuerdo?», y buscar una alternativa en medio de nuestras dos ideas. Por ejemplo, si creo que un chico de dieciséis años debe llegar a las once de la noche y mi esposa cree que debe llegar a las diez, tal vez podamos acordar las diez y media. Si crees que los eructos intencionales de los niños son incivilizados por completo y a tu esposo le parecen bonitos, quizá puedas prohibirlos en la casa y en el automóvil, pero permitirlos en el patio.

EVALUACIÓN DE LAS REGLAS

En un matrimonio saludable, los padres respetan las ideas del otro y ninguno de los dos es dictatorial a la hora de establecer reglas. Las ideas y sentimientos de ambos deben considerarse al establecer reglas para la familia. A medida que los hijos crecen, se les debe incluir en el proceso de toma de decisiones. Si la regla les afecta y tienen la edad suficiente para tener una opinión sobre el asunto, se les debe permitir ser parte del establecimiento de la regla. Eso no significa que tengan la última palabra, pero sí que los padres deben tener en cuenta sus pensamientos y sentimientos. Cuando las familias hacen esto, los padres no solo les enseñan a sus hijos la importancia de la obediencia; también les enseñan el proceso de establecer reglas.

Las reglas saludables también son razonables. Cumplen alguna función positiva. Las preguntas generales son: «¿Esta regla es buena para el niño? ¿Tendrá algún efecto positivo en su vida?». A continuación se exponen algunas preguntas prácticas que puedes plantearte a la hora de decidir sobre una regla en particular.

¿Esta regla protege al niño del peligro o la destrucción?

¿Esta regla le enseña al niño algún rasgo positivo de su carácter: honradez, trabajo duro, amabilidad, confianza, etc.?

¿Esta regla protege la propiedad?

¿Esta regla enseña la administración de las posesiones?

¿Esta regla le enseña al niño responsabilidad?

¿Esta regla enseña buenos modales?

Respondiendo a preguntas como estas, es mucho más probable que establezcamos reglas sanas para la familia. Estos son los factores que nos preocupan como padres. Queremos proteger a nuestros hijos del peligro y la destrucción. No queremos que a nuestro hijo pequeño lo atropelle un auto en la calle, y no queremos que nuestros hijos mayores se involucren en las drogas. Queremos enseñarles a nuestros hijos rasgos de carácter positivos acordes con nuestros valores. Queremos que los niños respeten la propiedad ajena; por lo tanto, una regla sobre no jugar al béisbol en el patio bien puede evitar que rompan la ventana de un vecino. Queremos que aprendan a cuidar de sus pertenencias; así que la regla de guardar la bicicleta en el cobertizo por la noche tiene un propósito.

Queremos que nuestros hijos sean adultos responsables y sabemos que deben aprenderlo desde pequeños. Por lo tanto, exigirle a un niño que asuma la responsabilidad de hacer su cama o aspirar el piso son reglas razonables. ¿Y qué hay de los buenos modales? Resulta interesante que los ejecutivos de las empresas actuales contraten a entrenadores y consultores de etiqueta, pues las aptitudes sociales de los empleados contemporáneos se caracterizan en gran medida por la mala educación y la grosería. Creo que esto se debe a la falta de enseñanza de modales en el hogar. Si un padre cree que «por favor» y «gracias» son mejores que «dame» y «qué asco», tendrá reglas con respecto a esos modales en casa.

Las reglas razonables siempre tienen una finalidad positiva. Las reglas saludables también se establecen con claridad. A menudo, los padres dan por sentado que los niños saben lo que deben hacer o no hacer cuando nunca se les han explicado las expectativas. Una vez que los padres acuerdan una regla, toda la familia debe conocerla. Las reglas tácitas son injustas. No se puede esperar que un niño cumpla una regla que desconoce. Los padres tienen la responsabilidad de

Por qué es importante la obediencia

asegurarse de que los niños entienden cuáles son las reglas. A medida que crecen, necesitan saber por qué sus padres decidieron seguir esta regla. Si los niños se sienten amados de verdad por sus padres, casi siempre reconocerán el valor de dichas reglas. A la hora de establecer reglas familiares, es perfectamente legítimo consultar a otros padres, maestros y familiares, así como leer libros y artículos. Para tener las mejores reglas posibles, los padres necesitan toda la sabiduría posible.

Las buenas reglas familiares no se establecen en concreto. Si llegas a darte cuenta de que una regla en particular es perjudicial en lugar de útil, deberías estar dispuesto a cambiar esa regla. En nuestra familia, empezamos con la regla de no cantar en la mesa. De inmediato nos dimos cuenta de que esta regla era producto de nuestras familias de origen y no se ajustaba a nuestra visión de lo que debía ser la hora de comer. Como mi esposa era músico y yo tenía un profundo aprecio por la música, enseguida llegamos a la conclusión de que debíamos abandonar esa regla y que cualquiera que quisiera cantar en nuestra mesa podía hacerlo (siempre y cuando no fuera con la boca llena).

Para evaluar las reglas de tu familia, comienza escribiendo el nombre y la edad de cada niño en la parte superior de una hoja de papel separada. Debajo del nombre de cada niño, enumera las reglas que crees que la familia ya estableció y que se ajustan a ese niño. Es posible que desees crear dos categorías de reglas: primero, reglas que se ajusten a todos los niños y, segundo, reglas específicas que se ajusten a cada niño debido a su etapa de desarrollo o intereses especiales. Es posible que desees crear sus listas por separado y luego fusionarlas. Recuerda, aún no estás evaluando las reglas; solo tratas de hacer una lista de lo que crees que son las reglas. Si los niños tienen edad suficiente, puedes incluirlos en este proceso y dejar que te ayuden a hacer una lista de «las reglas de nuestra casa».

Observa cada regla y pregúntate: «¿Esta regla es deliberada? ¿Es una regla en la que hemos pensado o solo es una regla extraída de nuestra infancia o de algún libro que leímos? ¿Le hemos dedicado tiempo en realidad para hablar de esta regla? ¿Es esta una regla que ambos coincidimos en que tiene un propósito? ¿Qué es probable que nuestros hijos aprendan al seguir esta regla?».

¿Es mutuo? ¿Ambos contribuimos a esta regla, o es algo que uno de nosotros estableció arbitrariamente hace años? Si nuestros hijos tienen edad suficiente, ¿los tuvimos en cuenta para hablar de la regla? ¿Creen que es justa?

¿Es razonable? ¿Cumple una función positiva? Recuerda que la pregunta principal es: «¿Esta regla es buena para el niño?».

El cuarto aspecto a examinar al establecer reglas es: ¿Entendieron con claridad estas reglas tanto los padres como los niños? Una regla que los padres tienen oculta en su mente, pero que nunca se ha analizado sin reservas con los hijos no es una regla que se pueda esperar que los hijos cumplan. Cuando los padres disciplinan a un niño por romper una regla tácita de este tipo, el niño sentirá que lo trataron de manera injusta.

¿CUÁLES SON LAS CONSECUENCIAS?

El letrero al costado de la carretera decía «$100 de multa por tirar basura». Tomé el envoltorio de mi caramelo y lo metí debajo de la alfombrilla. No tenía cien dólares que quisiera donarle a la ciudad. La basura que cubre nuestras carreteras es testimonio de que las consecuencias no motivan a todos a la obediencia. Tampoco las consecuencias son lo único que nos motiva a la obediencia. Como tengo una mirada estética, siempre me ha gustado conducir por una carretera libre de latas, bolsas y cubos blancos. Por eso, mi aprecio por la belleza me motiva a aferrarme al envoltorio de mi caramelo. Aun así, debo admitir que ser consciente de la multa de cien dólares también aumenta mi motivación.

La infracción de las normas civiles suele acarrear consecuencias negativas. Una de las dificultades de nuestra sociedad es que, en los últimos años, las consecuencias de las faltas se han visto retrasadas por largos y tediosos procedimientos judiciales, y en muchas ocasiones las consecuencias han sido mínimas. Creo que esto ha contribuido al crecimiento de la mala conducta civil en las últimas décadas. La motivación eficaz para la obediencia civil requiere consecuencias rápidas y ciertas.

En la familia, el principio es el mismo. La obediencia se aprende sufriendo las consecuencias de la desobediencia. La enseñanza eficaz de la obediencia requiere que las consecuencias de infringir las reglas causen malestar a quien las infringe. Si la regla es que nuestros hijos no fumen cigarrillos, si a un niño lo sorprenden fumando, debe comerse de inmediato una zanahoria entera. Esto le dará al cuerpo betacaroteno para superar la nicotina, y lo más probable es que se lo piense dos veces antes de fumar un segundo cigarrillo. Si hay una segunda infracción, una donación de veinticinco dólares a la Asociación Estadounidense del Corazón, recoger cien colillas de la calle y tirarlas a la basura, y leer un artículo sobre los peligros de la nicotina para los pulmones probablemente será suficiente para convencerlo de que fumar es cosa de camellos y no de niños.

Si a un joven de dieciséis años lo sorprenden conduciendo a exceso de velocidad, perderá el privilegio de conducir durante una semana. Una segunda infracción supondría la pérdida del privilegio de conducir durante dos semanas, y así sucesivamente. No muchos adolescentes superarían la pérdida de dos semanas.

A partir de estas ilustraciones, quizá se vea la pauta emergente de que las consecuencias deben estar tan estrechamente asociadas a la regla como sea posible. Es útil en especial si las consecuencias por romper las reglas familiares básicas se pueden determinar y discutir con la familia en el momento en que se establece la regla. Esto tiene la ventaja de que el hijo sabe con antelación cuáles serán las consecuencias y les evita a los padres el peligro de tener que hacer un juicio precipitado sobre la disciplina que debe aplicarse. Decidir las consecuencias antes de que el hijo infrinja la regla también tiene más probabilidades de que la consecuencia sea razonable.

A medida que los niños crecen, puedes dejarles participar en la decisión de las consecuencias. A veces te darás cuenta de que son más duros consigo mismos que tú. Mi hijo sugirió que si no traía la pelota de baloncesto a casa al final del día, no se le permitiera jugar al baloncesto durante dos días. Quizá yo habría elegido un día. Sin embargo, como él pensaba que dos días era una consecuencia razonable, acepté. Cuando los hijos participan en la decisión de las consecuencias antes de que se infrinja la regla, es mucho más probable que acepten la consecuencia como razonable. Esto no significa que los padres renuncien a la decisión final sobre cuál será la consecuencia. Si el niño sugiere una consecuencia que no sea dolorosa, es posible que se opte por la desobediencia con más frecuencia debido a que las consecuencias no suponen suficiente malestar. La obediencia se aprende sufriendo las consecuencias del mal comportamiento.

A veces, las consecuencias de la desobediencia de un hijo también les hacen la vida más difícil a los padres. Por ejemplo, cuando se le quita el privilegio de conducir a un joven de dieciséis años, el padre debe transportarlo a la escuela y a otras actividades, una tarea a la que hacía poco renunciaba con gusto. Sin embargo, esta es la naturaleza de la desobediencia; siempre afecta a los demás. Un conductor ebrio no solo se hace daño a sí mismo, sino que también es probable que destruya la propiedad y, a veces, la vida de otras personas. Una de las realidades fundamentales de la vida es que el comportamiento de uno afecta a los demás. El niño que ve a su madre sufrir las consecuencias de su desobediencia puede sentirse más motivado a la obediencia, suponiendo que el niño se sienta amado por sus padres. De lo contrario, tal inconveniente o incomodidad puede verse como merecido o como una forma de vengarse de los padres.

Si nunca has delineado con claridad cuáles serán las consecuencias, has hecho lo que se te ha ocurrido en el momento y es probable que tu cónyuge no esté de acuerdo con tu disciplina, al menos algunas veces. Es mucho más fácil llegar a un acuerdo cuando no se está en el calor de la situación. Una vez acordadas las consecuencias, asegúrate de que todos los miembros de la familia las entiendan. Esto hará que la disciplina sea mucho más aceptable para cada hijo y les causará menos conflictos a los padres. Todos ustedes están de acuerdo en que si se infringe la regla, estas serán las consecuencias. La disciplina la aplicará quien esté en casa, pero será la misma sin importar cuál de los padres sea el que imponga la disciplina.

Cuando se incumple una regla y se requiere que los padres se aseguren de que el hijo experimente la consecuencia acordada, es de mucha utilidad darle a tu hijo una dosis de amor emocional antes y después de la disciplina. Lo más adecuado es utilizar el lenguaje del amor primario del hijo. Por ejemplo, digamos que tu hijo está jugando al fútbol en la sala, una clara violación de las reglas. La disciplina acordada es que la pelota de fútbol se colocará en el maletero del coche durante dos días, por lo que el niño no podrá jugar al fútbol. Si algún artículo se rompe con el balón, el niño debe pagar la reparación o sustitución con dinero de su asignación.

Brian, sin duda, violó las reglas y en el proceso se rompió un jarrón. El valor del jarrón es de treinta dólares. Digamos que el lenguaje principal del amor de Brian son las palabras de afirmación. La madre puede decir algo como esto:

—Brian, creo que sabes que te quiero mucho. Por lo general, sigues muy bien las reglas. Estoy orgullosa de ti y de tus muchos logros en la escuela y en casa. Me haces una madre muy feliz. Sin embargo, cuando rompes las reglas, sabes que debes sufrir las consecuencias. Una de las reglas es que no se jugará al fútbol en la sala. Conoces la regla y conoces las consecuencias. Así que vamos a meter el balón en el maletero y a dejarlo allí los próximos dos días. Además, sabes que acordamos que pagarías la reparación o sustitución de cualquier objeto que se rompiera. El jarrón no se puede reparar. Comprar uno nuevo costará treinta dólares. Así que esto tendrá que salir de tu asignación durante las próximas semanas. Sé que esto te presionará y que no podrás hacer las cosas que te gustaría hacer con tu dinero, pero todos tenemos que aprender que cuando desobedecemos las reglas, tenemos que sufrir.

—Pero mamá, se acerca la Navidad. Necesito mi dinero para comprar mis regalos. No puedo permitirme perder treinta dólares —protesta Brian.

—Lo entiendo hijo, y sé que te será más difícil comprar regalos sin los treinta dólares, pero también sé que acordamos las consecuencias de romper las reglas. Debo ser coherente en seguir lo que acordamos. Solo quiero que sepas que te quiero, por eso asumo la responsabilidad de ayudarte a aprender a seguir las reglas.

Luego, la madre puede acercarse y abrazar al hijo. Si tanto antes como después de afirmar las consecuencias del mal comportamiento del hijo, la madre expresa amor en el lenguaje de amor primario del hijo, esta es la manera más eficaz de enseñarle obediencia. Incluso cuando sufre las consecuencias, tiene la seguridad del amor de sus padres.

Compárese esto con el enfoque común de la madre que oye caer el jarrón de la repisa de la chimenea, corre hacia la sala, ve a Brian recogiendo el balón y grita: «Te lo he dicho mil veces: no tires el balón en la sala. Ahora mira lo que has hecho. Destrozaste mi jarrón. ¿Cuándo vas a aprender? Te comportas como un niño de dos años. No sé qué voy a hacer contigo. Sal de aquí». Y la madre le da una palmada en el trasero a Brian mientras sale de la habitación. ¿Cuál de estos dos enfoques tiene más probabilidades de enseñarle al hijo una obediencia saludable?

Ahora sé sincero. ¿Cuál de estos dos enfoques se acerca más al enfoque habitual que adoptas cuando uno de tus hijos viola una regla? ¿Qué enfoque te parece más productivo? Creo que la mayoría de los padres estarán de acuerdo en que el plan de aclarar la regla, acordar las consecuencias del mal comportamiento antes de que ocurra y aplicarle las consecuencias al hijo con amor, pero con firmeza, es mucho más productivo tanto para el aprendizaje del hijo como para la salud mental de los padres.

CUANDO LOS HIJOS SE PORTAN MAL...

Una vez que se definen las reglas con claridad y se le comunican al hijo las consecuencias del mal comportamiento, es responsabilidad de los padres asegurarse de que el hijo experimente las consecuencias de su mal comportamiento. Cuando un padre es permisivo un día y deja pasar el mal comportamiento, y al día siguiente critica con dureza al hijo por el mismo mal comportamiento, el padre está en el camino seguro de criar a un hijo desobediente e irrespetuoso. La disciplina incoherente es el error más común de los padres que intentan criar hijos responsables. Las consecuencias deben aplicarse tan pronto como sea posible después que se produzca la desobediencia. La disciplina siempre debe administrarse con amor y firmeza.

«Pero algunos días estoy cansado. No tengo ganas de responder al mal comportamiento de mi hijo». Bienvenido al género humano: todos nos cansamos. ¿Qué padre no se ha sentido exasperado de manera física y emocional por las presiones de la vida? Aun así, ninguno de nuestros recursos es más importante que nuestros hijos. En esas ocasiones, debemos hacer uso de nuestras reservas y responder con amor, pero con firmeza, al mal comportamiento de nuestros hijos.

Establecer con antelación las consecuencias del mal comportamiento evita que te dejes controlar por tu estado emocional en el momento. Si ya acordaste cuáles serán las consecuencias, tu responsabilidad es asegurarte de que se cumplan. No tienes que decidir lo que vas a hacer; solo decides cumplir lo que acordaste. Si ya decidiste las consecuencias, no es muy probable que grites o golpees físicamente a tus hijos debido a tu propio estado emocional.

Emily llega a casa por la tarde. Después de un abrazo, una galleta y una sesión de «¿Cómo te fue el día?», la mamá le dice:

—Emmy, ya conoces la norma de tener la cama hecha y el pijama guardado antes de ir a la escuela por la mañana. Esta mañana tu cama estaba sin hacer y tu pijama estaba en el suelo. Ya sabes lo que acordamos: si incumples la regla, esa noche no habrá televisión. Pasa un buen rato haciendo tu tarea y luego puedes jugar si quieres, pero esta noche no habrá televisión. Te quiero y sé que muy pronto aprenderás a hacer la cama y a guardar el pijama.

—Pero mamá, esta noche es mi programa favorito. Todas mis amigas hablarán de él mañana y no tendré ni idea de lo que dicen. Mamá, por favor, déjame verlo esta noche. Y luego no lo veré mañana por la noche. Por favor, mamá, por favor.

—Entiendo lo mucho que quieres ver televisión esta noche —dice la mamá—, pero también entiendo que tú y yo acordamos las reglas y cuáles serían las consecuencias si las rompieras. Lo siento, pero esta noche no puedes verla.

La mamá sigue siendo amable y firme sin importar la respuesta de Emily, y Emily aprende la gran lección de que las acciones tienen consecuencias.

Si la mamá es coherente, amorosa y amable, pero firme, muy pronto tendrá entre manos una eficiente chica que hace la cama. Si, por el contrario, la mamá es incoherente, cede o no ve que Emmy sufre las consecuencias de su mal comportamiento, es posible que la mamá esté haciendo la cama y recogiendo pijamas cuando su hija tenga quince años. La ilustración anterior revela los pasos para administrar disciplina: (1) Nos aseguramos de expresar amor y cariño por la hija. Esto se hizo abrazándola, dándole una galleta y conversando sobre los acontecimientos del día. (2) Afirmamos con claridad que se incumplió una regla. Le recordamos a la hija las consecuencias que acordamos. (3) A continuación, nos aseguramos de que la hija experimente las consecuencias. Escuchamos el argumento de la hija, pero con amabilidad y firmeza le aseguramos que debe sufrir las consecuencias de su mal comportamiento o negligencia.

A veces, esto es muy doloroso para los padres. Por ejemplo, Alex y su mamá acordaron que si Alex no hace las tareas, no irá a la práctica de béisbol la tarde siguiente. Una noche, Alex no hace su tarea y el papá le informa que no podrá ir a practicar la tarde siguiente.

—Pero, papá, el gran partido es el sábado. Si no voy a practicar mañana, no podré jugar. Papá, llevo mucho tiempo esperando esto. Papá, por favor, no me hagas eso.

—Hijo, no te estoy haciendo nada. Te lo hiciste tú solo. Conocías la regla sobre las tareas. Tenías tiempo de sobra para hacer tu tarea. Preferiste ver la televisión y jugar con Michael. Ahora, lo siento, pero acordamos la regla y acordamos las consecuencias.

—Pero papá, sabes lo mucho que esto significa para mí. Déjame faltar a la práctica la próxima semana, pero mañana no. Mañana no, papá.

¿Qué debe hacer un padre? La respuesta es sencilla, pero no fácil. Sé amable, sé cariñoso, pero sé firme. Perderse el gran partido no destruirá la oportunidad de tu hijo de conseguir una beca universitaria cinco años después, pero perderse el gran partido le enseñará a tu hijo que siempre hay resultados dolorosos cuando desobedecemos las reglas. Esta realidad es la que motiva a los hijos a la obediencia.

Dicha disciplina siempre debe realizarse en un espíritu de amor, con los padres en pleno control de sus emociones, nunca acompañada de gritos ni chillidos, sino siempre acompañada de una profunda compasión por el dolor del hijo. El hijo debe darse cuenta de que nosotros también sufrimos, pues no podrá participar en el gran partido, pero esa es la realidad de la vida. Cuando una persona desobedece, es inevitable que los demás sufran. A través de su sufrimiento es que el hijo aprende a obedecer, y a través de la coherencia es que el padre gana el derecho a que se le honre.

CAPÍTULO NUEVE

El regalo de la honra

Era un frío día de invierno, y los problemas con los que me había enfrentado fueron muy estresantes. Todo eso pareció evaporarse cuando entré a mi oficina y encontré la siguiente nota escrita a mano por mi hija de nueve años.

Querido papá:
Te quiero muchísimo. Sé que trabajas duro y que ayudas a mucha gente. Te agradezco todo lo que haces por mí. Me alegro de que seas mi padre.
Te quiere,
Shelley

Las palabras no solo me produjeron una cálida emoción, sino que también supe que ella estaba aprendiendo a honrar. Leí la nota alrededor de la mesa para toda la familia, incluido John. De seguro que se dio cuenta, por mi sonrisa y la humedad que se acumulaba en mis ojos, de que esta era la mejor parte de ser padre. ¡Este era el día de pago! Esta fue la recompensa del esfuerzo. Cuando un niño comienza a reconocer y apreciar el esfuerzo que has realizado para ser padre, todos los pañales sucios, las visitas al médico, las noches sin dormir y el arduo trabajo de una amorosa disciplina, de alguna manera parecen una buena inversión.

Ten en cuenta que el capítulo sobre la obediencia le precede al capítulo sobre la honra. Ese es el orden cronológico. Los niños pequeños no son capaces de honrar a sus padres; su mundo todavía gira en torno a su propio ego. No quiero decir que no sean conscientes de la presencia de sus padres, sino que su mente se centra en satisfacer sus propias necesidades y explorar sus propios deseos. Son plenamente capaces de aprender a obedecer, pero la capacidad de honrar llega mucho más tarde en la niñez.

La honra es la expresión de respeto o estima. Es reconocer la importancia de alguien y tratar de expresarle amor y devoción. Honrar a alguien es llamar la atención sobre su carácter. Para honrar de verdad a los padres, el niño debe llegar a comprender algo de la naturaleza del bien y del mal, del sacrificio y del amor. El deseo de honrar viene de reconocer que los padres han tomado buenas decisiones y han amado de manera sacrificial al niño y a los demás. Un niño llega a respetar y honrar a sus padres cuando reconoce que el comportamiento de estos ha sido bueno en realidad.

Debo detenerme lo suficiente para decir que existe un honor, por diluido que sea, que honra a los padres por su posición y no por su carácter. Los padres le han dado vida al niño; por lo tanto, son de suma importancia. El niño los honra por la importancia de su posición como padres, pero reconoce que, cuando se observa su carácter, los padres no son dignos de honor. Lo trágico es que muchos niños de nuestra generación, si quieren honrar, deben hacerlo en este nivel superficial. Sin embargo, esta no es la característica de una familia funcional.

La honra verdadera y más profunda siempre se cosecha. Te lo ilustraré. Es difícil imaginar que al hijo de un esclavo se le ofreciera un trabajo por cien mil dólares al año. Es aún más increíble que el mismo hombre rechazara la oferta, pero eso es lo que hizo con exactitud George Washington Carver. La oferta se la hizo el inventor Thomas Edison. Henry Ford también intentó persuadir a Carver, a fin de que trabajara para la Ford Motor Company, pero a Carver no le impresionaron las ofertas de dinero y prestigio. Prefirió vivir en el Sur, en relativa pobreza, vistiendo el mismo traje durante cuarenta años. Antes renunció a un puesto prometedor en la Universidad Estatal de Iowa para trabajar con Booker T. Washington en su Instituto Tuskegee, que estaba en apuros. Cuando sus amigos le argumentaron que podría ayudar a su pueblo si tuviera todo ese dinero, Carver respondió: «Si tuviera todo ese dinero, podría olvidarme de mi pueblo». En su lápida están grabadas las siguientes palabras: «Pudo haber sumado fortuna a la fama, pero sin importarle ninguna de las dos cosas, encontró felicidad y honra en serle útil al mundo»[1]. La gente todavía honra a George Washington Carver. ¿Por qué? Porque vivió una vida abnegada en beneficio de los demás. La verdadera honra siempre se cosecha.

A veces, la cosecha de la honra es un trabajo difícil. Nuestros hijos observan nuestras debilidades y hábitos irritantes, y ven la parte egoísta de nuestra naturaleza mucho mejor de lo que sospechamos. Es muy importante para nosotros evitar que se construya un muro en esta relación como en la relación con nuestro cónyuge. Cuando Derek tenía quince años, tuvimos una discusión en la que intercambiamos algunas palabras desagradables. Salió de la casa y yo me senté. Lo primero en que pensé fue en la injusticia de sus palabras hacia mí. Sin embargo, se me remordió la conciencia y me di cuenta de que algunas de mis propias palabras fueron poco honrosas. Me equivoqué. Oré y le pedí a Dios que me perdonara, y supe que necesitaba encontrar a mi hijo y pedirle perdón también.

Antes de que pudiera salir a buscarlo, Derek regresó a la casa.

«Hijo, lo siento. ¿Me perdonas?», le pregunté.

«Papá, soy yo el que se equivocó. No debí decir lo que dije». Nos perdonamos el uno al otro, y me alegré de que él hubiera aprendido tanto la humildad de pedir perdón como la gracia y la honra de perdonar.

«PAPÁ y TÚ HICIERON UN TRABAJO MUY BUENO»

La capacidad para honrar solo se desarrolla un poco en los primeros años de la infancia. Alcanza su mejor momento tres o cuatro años después que haya crecido el niño. Conozco a una mujer cuya hija, que ahora tiene poco más de veinte años y está recién casada, le dijo no hace mucho: «Papá y tú hicieron un trabajo muy bueno al criarme». A la madre, que como todos los padres a veces se preguntaba qué tan «bien» se desempeñaban ella y su esposo como padres, se le nublaron los ojos y le dio a su hija un fuerte abrazo. «Lo hiciste fácil, pequeña», le dijo.

Sin embargo, la honra también se puede cultivar en los niños más pequeños. Si a un niño se le ha enseñado a ponerse de pie cuando un adulto entra en una habitación, al principio es un acto superficial. En cambio, a su debido tiempo, puede convertirse en una expresión de auténtica honra. Si se le enseña al niño que no interrumpa a un padre que está hablando, al principio solo será un comportamiento aprendido, pero con el tiempo puede convertirse en una expresión de honra, reconociendo la valía de otro individuo y la falta de respeto mostrada cuando se le interrumpe a uno. Ofrecer ayuda cuando se necesita ayuda puede ser una expresión de honra para los padres. Cuando un niño de doce años se ofrece a fregar los platos cuando no es «su turno», puede ser una expresión de honra. (También puede ser una expresión de manipulación, un esfuerzo por lograr que los padres le compren las costosas zapatillas que se han resistido a comprar). La verdadera honra es una cuestión del corazón, no una acción particular. Sin embargo, la honra genuina se expresa mediante cortesías comunes hacia los padres.

Una segunda forma en que los niños honran a sus padres es con palabras de agradecimiento. «Mami, qué buena cena» puede ser un simple gesto de cortesía que hace que la madre le sonría al niño, pero tal declaración también puede ser una expresión de conciencia del valor del tiempo y la experiencia de su madre en la preparación de la comida. «Gracias por venir al partido, papá» puede ser solo un deseo: «Me gustaría que vinieras a todos mis partidos». Sin embargo, también puede ser un reconocimiento sincero del esfuerzo que tuvo que hacer el papá para asistir al partido.

Si las palabras de agradecimiento expresan honra, las escritas pueden ser aún más poderosas. Imagínate cómo me sentí cuando leí la siguiente tarea de clase escrita por mi hijo Derek cuando estaba en tercer grado. La tarea consistía en escribir un artículo en el que se describiera a sí mismo.

Así soy yo
por Derek C.

Me gusta mucho el fútbol. Me gusta jugar y ver fútbol. También me gusta el baloncesto. ¡Supongo que soy bastante bueno en los dos! Tengo una familia de cuatro personas, sin contar a mi perro, Zaqueo. Lo llamamos Zac para abreviar. Es mitad perro salchicha y mitad caniche. Es muy bajito y no crece. Me gustan algunas chicas. Tengo un montón de amigos. Algunas personas me conocen y yo no las conozco. Como a veces la gente se acerca y me dice «Hola, Derek». Yo digo «Hola», pero no la conozco. Bueno, ¡también levanto pesas y hago ejercicio practicando deportes! Bueno, eso es todo lo que se me ocurre ahora, así que ya está, excepto que mi padre y yo somos buenos amigos y jugamos juntos. Por Derek Chapman. Fin.

Lo hice bien hasta que llegué a las dos últimas líneas; entonces, empezaron a brotar las lágrimas. No lo escribió como una expresión de honra hacia mí, sino más bien como un trabajo de clase. Sin embargo, sabía que la honra estaba en su corazón, y de alguna manera hizo que todas las horas invertidas en él valieran la pena.

MAMÁ

Para la que destella en un relámpago
y corre hacia mí como los ríos
Para una boca abierta llena de canciones
llamando en la tormenta de los rostros...
Tú estás rodeada de canciones

Para esquinas explosivas
y pasillos risueños
y cocinas amarillas
bañadas de mariposas
Para la hora del té y los pasteles,
encajes y flores frescas,
jardines y baños para pájaros,
chocolates y palomitas

Para abrazar los pasteles de la vida con los brazos florecidos
y para cantar
una nueva canción
cada día...
Para mamá

PAPÁ

Para el que espera en silencio
Para el que escucha corazones
Para el que agarra suavemente
Para el que sube sin clamor
Para el que escucha con atención
Para el que más se preocupa

Para el que está en mí eres tú, papá

Derek Chapman

A medida que los hijos maduran hasta la edad adulta y los padres llegan a la vejez, si la honra está en el corazón de los hijos adultos, se expresará mediante visitas, llamadas telefónicas, tarjetas y la atención a las necesidades físicas. Cada vez que visito a mis padres ancianos, recuerdo que soy un ejemplo de honra para mis propios hijos. Nuestra hija, Shelley, ahora es médica y nuestro hijo es escritor. Conociendo los escasos ingresos de la mayoría de los escritores, Derek ya mira hacia el futuro. Hace poco le dijo a su madre: «No te preocupes, mamá. Si algo le sucede a papá, me aseguraré de que Shelley te ponga en una bonita residencia y vendré a visitarte con regularidad».

En última instancia, los hijos honran a sus padres por la forma en que invierten sus vidas. Los padres más tristes son esos cuyos hijos han optado por las drogas, el alcohol, el crimen u otros estilos de vida irresponsables. Los padres más felices son los que se sienten honrados por los hijos que eligen un estilo de vida de entrega, invirtiendo la vida en beneficio de Dios y del bien en el mundo. Estos son, sobre todo, los padres a los que más se honran.

Para más información sobre cómo tú y tu familia pueden desarrollar una actitud de servicio, consulta el código en la página 185 para acceder a la Family Adventure Guide [Guía de aventuras familiares] en **www.5lovelanguages.com/5traits.** Esta guía tiene como objetivo ayudarte a poner en práctica las características saludables que se analizan en este libro. Encontrarás una serie de evaluaciones, cosas en las que pensar y oportunidades para profundizar en el tema.

QUINTA PARTE

Esposos que aman y lideran

CAPÍTULO DIEZ

El significado de «liderar»

Para muchas esposas contemporáneas, la idea de un esposo como «líder» es confusa y controvertida. Algunos esposos han abusado de esta idea y lideran a sus familias con mano de hierro. Sin embargo, he observado que el mayor peligro es el esposo pasivo y poco involucrado que le «delega» a su esposa todas las actividades y decisiones relacionadas con la familia.

En algún lugar entre estos dos extremos hay un saludable camino intermedio donde el esposo es responsable, leal y comprometido en gran medida con su esposa y su familia. Es capaz de expresar dolor y alegría, compasión y aliento. Es capaz de relacionarse con su esposa a nivel emocional. Por otra parte, es fuerte y confiable, y se siente comprometido con el bienestar de su esposa y su familia. No huye cuando las cosas se ponen difíciles, sino que busca soluciones que beneficien a toda la familia. Es un líder, sin duda, pero no lo hace de forma aislada. Reconoce que los líderes más eficientes son servidores, no dictadores. Valora la colaboración con su esposa; quiere estar a su lado, pero no desea dominarla. Este es el esposo de una familia funcional.

«ME SIENTO COMO SI TUVIERA TRES HIJOS EN LUGAR DE DOS»

Elaine llevaba diez años casada. Estaba sola en mi oficina, aunque su esposo la había acompañado a varias citas de consejería. Esta vez, me dijo: «Le daba vergüenza venir. Perdió su empleo la semana pasada porque se peleó con un compañero de trabajo». Esa había sido su norma durante diez años. Lo máximo que había durado en un empleo eran dieciocho meses. No siempre se peleaba, pero siempre se frustraba con el empleo o con las personas con las que trabajaba.

Lo normal era que abandonara el trabajo sin dar explicaciones y se esfumara. Por lo general, el empleador llamaba a Elaine para preguntarle cuál era el problema y si iba a volver. Ella le explicaba que le había dicho que dejó el trabajo, por lo que suponía que no volvería. Pasaba semanas, y a veces meses, sin trabajar y se dedicaba a dormir hasta tarde, ver la televisión y hacer ejercicio en el gimnasio local. Elaine había trabajado a tiempo completo durante los diez años de su matrimonio, excepto en los breves períodos relacionados con el nacimiento de sus dos hijos. Cuando su esposo trabajaba, la ayudaba con las facturas, pero cuando estaba sin trabajo, ella tenía que cargar con todo el peso.

Derramando abundantes lágrimas, Elaine dijo: «No sé cuánto tiempo más podré seguir. Me siento como si tuviera tres hijos en lugar de dos. No solo renuncia a sus empleos porque las cosas no salen como quiere, sino que también debe salirse con la suya en todo. No se priva de una hora en el gimnasio para quedarse con los niños mientras voy a una cita con el médico. Tengo que dejar a los niños en casa de mi madre para no interrumpir su agenda. Estoy exasperada por completo. Nunca he tenido un esposo de verdad».

Tracy tiene un problema muy diferente con su esposo. «Dr. Chapman, no entiendo por qué tiene que controlarlo todo. Ni siquiera puedo estornudar sin irme corriendo a otra habitación porque no quiere que estornude en su presencia. Es un hombre muy trabajador y gana mucho dinero. Paga todas las facturas. No me quejo de su forma de mantenerme económicamente, pero me trata como si mis ideas no valieran nada, como si fuera una niña y no su esposa. Ni siquiera me deja ver la chequera, y si le hago alguna pregunta sobre nuestra situación financiera, se enoja. Es como si lo dirigiera todo y yo solo lo acompañara. Me cuesta responderle sexualmente, pues siento que me trata como si no fuera nadie. Sé que así no debe ser un matrimonio, pero no sé qué hacer».

Luego está Becky, que lleva quince años de casada. Tanto ella como su esposo trabajan a tiempo completo. Tienen tres hijos. Su queja no tiene nada que ver con las finanzas. Sin embargo, está muy angustiada por el estilo de vida pasivo de su esposo. «No toma ninguna iniciativa para hacer nada excepto ir a trabajar con regularidad. Ya hace seis años que hay que pintar nuestro dormitorio. Una y otra vez dice: «Ya lo haré», pero nunca lo hace. Las bicicletas de los niños permanecen rotas durante meses antes de que por fin se ponga a arreglarlas. Nuestro dinero se encuentra en una cuenta de ahorros y no toma ninguna iniciativa para tratar de encontrar una inversión que nos permita obtener mejores beneficios. En verano, corta el césped cada tres semanas. Me da vergüenza que vengan mis amigas. Es más, el verano pasado, por fin contraté a alguien para que cortara el césped todas las semanas. Pasa el tiempo con su computadora. Todo el mundo habla de lo geniales que son las computadoras. En realidad, las odio. Desearía que esa cosa explotara y él despertara al mundo real. Lo he intentado todo. He intentado hablar del asunto con calma. He intentado gritarle. He intentado ignorar el problema. He intentado ser demasiado amable con él. Nada parece cambiar las cosas. No sé qué más hacer».

Tres esposas, todas en situaciones muy diferentes, pero todas clamando con desesperación por un liderazgo amoroso por parte de sus esposos. Se podrían escribir volúmenes solo contando historias similares de esposas que viven con dolor y decepción constantes. Los esposos de Elaine, Tracy y Becky son diferentes entre sí. Algunos de sus problemas revelan inmadurez básica, falta de responsabilidad y escaso desarrollo del carácter. Algunos exhiben personalidades controladoras y todos muestran malas habilidades para relacionarse. Será necesario abordar estas cuestiones básicas si queremos que sean líderes amorosos.

Sin embargo, para otros esposos, el problema no es que no quieran o no puedan ser líderes en el matrimonio. El problema es que muchos hombres no saben cómo hacerlo. No tienen una imagen visual; no tienen ideas concretas sobre la manera en que debe desempeñarse en la vida diaria el papel del esposo como líder amoroso. Solo se limitan al ejemplo de sus propios padres, y a las ideas que recogen de los medios de comunicación o de otros hombres.

UNA MIRADA AL ESPOSO SALUDABLE

¿Cómo es un esposo sano? ¿Qué pasos puedo dar para estimular el crecimiento y la salud en mi papel (o en el de mi cónyuge) como esposo? Aquí tienes algunas pautas.

1. *Un esposo amoroso ve a su esposa como una compañera.* Una esposa no es un trofeo que se gana en el noviazgo y luego se coloca en la pared para que todos la observen junto con nuestro trofeo de ciervo de diez puntos. Es una persona viva con quien tener una relación. No es una persona a la que debemos dominar y controlar para satisfacer nuestros propios objetivos. Es una persona digna de conocerse y que tiene sus propios objetivos. No es una niña a la que hay que tratar con condescendencia. Es una compañera con la que su esposo desarrolla una relación.

La idea de la esposa como compañera es tan antigua como la creación. Nota en Génesis que, mientras Dios instruye al hombre y a la mujer a que sometan la tierra y dominen los peces del mar, las aves del cielo y otras criaturas vivientes, al hombre se le dice que se convierta en «una sola carne» con su esposa, no que la domine.

El compañerismo debe impregnar todo el matrimonio. Permíteme aplicar este concepto al ámbito de la toma de decisiones. Cuando el esposo considera de veras a su esposa como una compañera, querrá que la toma de decisiones sea una experiencia conjunta. Quizá en

El significado de «liderar»

un aspecto determinado él tenga más conocimientos que ella. En otro aspecto, ella puede tener más conocimientos que él. Pocas veces tenemos la misma cantidad de información sobre un asunto determinado; de modo que cuando juntos tomamos decisiones, cada uno se beneficia de los conocimientos y la información que el otro ha experimentado o recogido a lo largo de los años. El compañerismo significa que nuestro objetivo es tomar la mejor decisión posible. Nuestro tipo de personalidad puede ser «controlador» o podemos ser «pasivos», pero no queremos permitir que nuestras tendencias de personalidad dicten nuestro proceso en la toma de decisiones. El compañerismo lo exaltamos de manera consciente como algo más importante que nuestros rasgos de personalidad.

El esposo, como amante, pensará en lo que es mejor para su esposa, y su énfasis estará en orientar la decisión en esa dirección. Si la esposa también es amorosa, su atención se centrará en lo que es mejor para el esposo. En el mejor de los casos, tras analizar un asunto, la decisión o el compromiso estarán claros. Incluso, cuando no sea así, la toma de decisiones no será un juego de manipulación en el que cada uno intente salirse con la suya. En realidad, será una asociación en la que cada uno velará por el beneficio del otro y el resultado será la mejor decisión para todos o para ambos.

Como líder, el esposo toma la iniciativa de crear una atmósfera en el que este compañerismo pueda llevarse a cabo sin tensiones indebidas. Le asegura a su esposa que la ve como una compañera y que desea mucho su opinión sobre la decisión. Cuando un niño expresa sus deseos, el padre los evalúa y toma la decisión final sobre lo que es mejor para el niño. El esposo no se toma de esa manera la aportación de su esposa. La ve como una compañera en igualdad de condiciones y no desea dominarla en el proceso de la toma de decisiones. El líder amoroso tampoco será un dictador que toma decisiones sin tener en cuenta a su esposa y le informa después del hecho. Esto sucede a menudo en el mundo empresarial, donde la dirección toma las decisiones y se las informa a los empleados. Sin embargo, en el matrimonio, tanto el esposo como la esposa están a cargo del hogar. El líder amoroso lo reconoce y procura crear un clima emocional donde el libre intercambio de ideas pueda realizarse sin un espíritu de dominación o intimidación.

Por otro lado, el líder amoroso no abandonará el proceso de toma de decisiones y se limitará a pasarle el balón a su esposa. La actitud de «haz lo que quieras» no es asumir el liderazgo en colaboración. A veces, esta actitud se desarrolla en el esposo, que tiene dificultades para tomar decisiones y le resulta más fácil cederle esa responsabilidad a la esposa. Otras veces, esta actitud surge del resentimiento de que la esposa se saldrá con la suya pase lo que pase, así que para qué luchar; solo ríndete. Cualquiera que sea el origen de la actitud, no es la posición del líder amoroso. El esposo amoroso, que descubre que esta actitud surge en su interior, intentará analizar la fuente y tratarla de manera responsable para poder volver a la práctica de la colaboración en la toma de decisiones.

También somos socios en el ámbito financiero del matrimonio. Ser socios no significa que hagamos lo mismo. Es más, en una verdadera sociedad, casi nunca cada uno desempeña la misma función. Hay muchos modelos de asociación financiera en un matrimonio. Uno no es necesariamente mejor que otro. Cada pareja debe forjar el modelo que mejor se adapte a la personalidad, los talentos, los deseos y los valores del marido y la mujer.

Para Bob, el modelo es muy simple. «Yo gano el dinero; ella lo gasta. Es un buen acuerdo. Nos da resultado y los dos estamos contentos». Otra joven pareja son médicos. «Los dos trabajamos; ninguno de nosotros tiene tiempo para gastar el dinero; por lo tanto, nos hemos vuelto ricos. Hasta ahora, todo va bien. No sé qué pasará cuando uno o los dos dejemos de trabajar».

La mayoría de los modelos no son tan extremos como estos dos ejemplos, pero no existe un modelo financiero perfecto. Lo importante es que ambos se sientan partícipes de las finanzas familiares. Uno de ustedes puede «llevar la contabilidad» o pueden optar por hacerlo juntos. Lo mejor para su matrimonio es lo que ambos acuerden como compañeros. Si alguno de los dos se siente dominado o abandonado, no está experimentando el compañerismo. Puede que lleguen a la mesa de dinero con ideas, deseos y valores diferentes. El esposo amoroso toma la iniciativa para que estas diferencias se negocien de forma justa. Si debe «inclinar la balanza», lo hace hacia lo que es mejor para su esposa. Es un líder amoroso con énfasis en el amor.

2. *Un esposo amoroso se comunicará con su esposa.* Como exploré con detalles en mi libro *El matrimonio que siempre has deseado*, muchos hombres, aunque no todos, son mucho menos comunicativos verbalmente que las mujeres. Por lo tanto, muchos esposos tendrán que esforzarse por ir más allá de lo que les resulta «natural», a fin de satisfacer la necesidad de comunicación de sus esposas.

La vida se comparte principalmente mediante la comunicación, sobre todo hablando de nuestros pensamientos, sentimientos y deseos. Estos no se pueden observar en nuestro comportamiento. Una esposa puede adivinar lo que está pasando en la mente de su esposo por su comportamiento, pero a menos que dicho comportamiento sea un patrón del que ha dado muestras con anterioridad, no es probable que lo adivine de manera adecuada. El viejo dicho «Puedo leerlo como un libro» solo es cierto después de años de sólida comunicación, e incluso entonces, solo es cierto en un sentido limitado. Uno de los deseos más profundos de una esposa es conocer a su esposo. Cuando le habla de sus pensamientos, sentimientos y deseos, ella siente que le está permitiendo entrar en su vida. Cuando un esposo pasa largos períodos sin hablar de lo que siente, ella tiene la sensación de que la excluye, y se siente aislada.

A veces una esposa reprime la comunicación de su esposo con su espíritu contestatario o sus respuestas condenatorias. Hace algún tiempo un esposo me dijo: «Dr. Chapman, dejé de hablarle de mis pensamientos a mi esposa, pues cada vez que le hablo de algún pensamiento, ella lo ataca. No está de acuerdo, me lo cuestiona o me da una perspectiva diferente. Es como si no se me permitiera tener un pensamiento que no quisiera examinar. Estaría feliz de contarle mis pensamientos si solo los aceptara como mis pensamientos». Tras dos sesiones de consejería, fue evidente que parte del problema era su propia actitud defensiva. Después que de niño le rebatieran sus ideas, de manera inconsciente decidió que, de adulto, sus ideas siempre serían acertadas; por eso se ponía a la defensiva cada vez que su esposa o cualquier otra persona cuestionaban sus ideas.

Parte del problema también residía en la obsesión de su esposa por evaluar ideas y discutir cada una hasta la conclusión final, demostrando que una tenía razón y la otra no. Este patrón de comunicación es muy asfixiante. Por lo general, cualquiera de estos patrones requiere la ayuda de un consejero, a fin de que la pareja comprenda lo que está sucediendo y cambie los patrones. Hay que descubrir y eliminar lo que impide que fluya la comunicación. Si pueden hacer esto mediante una conversación entre ustedes dos, perfecto. De lo contrario, es recomendable comentárselo a un amigo o acudir a terapia profesional.

No podemos darnos el lujo de permitir que la comunicación se detenga o que se convierta en el campo de batalla donde solucionamos nuestras diferencias. La comunicación positiva, abierta, libre y de aceptación es la característica de un matrimonio funcional. El esposo, como líder amoroso, debe tomar la iniciativa para lograr que este tipo de comunicación se convierta en una forma de vida.

3. *Un esposo amoroso pondrá a su esposa en el primer lugar de su lista de prioridades*. Todos vivimos según prioridades. Puede que nunca escribiéramos una lista de nuestras prioridades, pero en nuestra mente clasificamos algunas cosas como más importantes que otras. Estas prioridades se manifiestan con mayor frecuencia en nuestras acciones. Responde a las preguntas: «¿Cómo empleo mi tiempo? ¿Cómo

El significado de «liderar»

invierto mi dinero? ¿Cómo uso mi energía?», y tendrás la respuesta a la pregunta: «¿Cuáles son mis prioridades?».

En un matrimonio, muchas cosas compiten por nuestra atención: el trabajo, las tareas domésticas, los hijos, otros compromisos externos, tal vez las necesidades de nuestros propios padres. Permíteme dirigirme a los niños en particular. Un esposo puede criticar a su esposa después que llegan los hijos; puede sentir que los niños lo han «sustituido» a los ojos de su esposa. Esta es una preocupación legítima y, es más, suele ser así. No obstante, también puede ser cierto para el esposo, sobre todo en un matrimonio donde la esposa no satisface como es debido sus necesidades emocionales o en el que se siente algo distanciado de ella. Es posible que él les dedique más tiempo y energía a los niños, debido a que recibe más información de ellos. El líder amoroso, si observa esto en su propio comportamiento, lo reconocerá como poco saludable y tomará medidas para reorientar su tiempo y energía hacia la satisfacción de las necesidades de su esposa y ayudarla a aprender cómo satisfacer las suyas.

4. *Un esposo amoroso amará a su esposa de manera incondicional.* El amor incondicional significa que amamos a la persona y, por lo tanto, buscamos su mejor interés, sin importar su respuesta hacia nosotros. Esto es muy contracultural. Las ideas contemporáneas sobre el amor van en la línea de «Te amaré si tú me amas». Tendemos a ser egocéntricos incluso en el matrimonio. El objetivo de nuestro esfuerzo es satisfacer nuestras propias necesidades. Es más, gran parte de la psicología moderna enfatiza que este es un comportamiento normal. Algunos han llegado a decir que todo nuestro comportamiento hacia los demás está motivado por la satisfacción de nuestras propias necesidades.

El amor incondicional, en cambio, se centra en satisfacer las necesidades de la otra persona. En el matrimonio, el esposo vela por el mejor interés de su esposa. Es apoyarla en sus esfuerzos, aunque no esté de acuerdo por completo con ellos. Es ayudarla a alcanzar sus metas y aspiraciones, debido a que la valora como persona. No es

143

«Acostaré a los niños si me das sexo». Es «Acostaré a los niños porque sé que estás cansada».

A todos nos gustaría pensar que alguien nos ama de manera incondicional. El niño anhela este tipo de amor de sus padres, pero los esposos y las esposas también desean amor incondicional el uno del otro. El voto matrimonial era amar «en la salud y en la enfermedad, en la riqueza y en la pobreza, hasta que la muerte los separe». Este es un compromiso de amor incondicional. En un matrimonio sano, lo experimentaremos en realidad.

Demasiados esposos que se ven a sí mismos como líderes machistas esperan que sus esposas tomen la iniciativa en el amor incondicional. Se quedan sentados y dicen: «Cuando decida volverse cariñosa, cuando decida pensar en *mis* necesidades, cuando decida ser más receptiva conmigo, empezaré a amarla». Sin embargo, un esposo sano tomará la iniciativa en el amor incondicional. Puesto que esta necesidad es tan fundamental para la salud emocional, la mayoría de las esposas responderán positivamente a un esposo que las ame de manera incondicional. Demasiadas esposas viven con la inquietante sensación de que, a menos que actúen sexualmente o de cualquier otra manera aprobada, el amor de sus esposos se negará. Esto no engendra un matrimonio saludable.

5. *Un esposo amoroso está comprometido a descubrir y satisfacer las necesidades de su esposa.* Quizá esto parezca redundante a la luz de lo que acabamos de decir sobre el amor incondicional. Sin embargo, he observado a lo largo de los años que muchos esposos no comprenden las necesidades de sus esposas. Por consiguiente, en su ignorancia, no hacen ningún esfuerzo por satisfacer esas necesidades. Algunos esposos creen que si trabajan en un empleo estable y traen a casa un salario decente, han completado su papel de esposo. En cambio, la necesidad emocional más básica de una esposa es sentirse atendida. El esposo funcional descubrirá el lenguaje principal del amor de su esposa y lo hablará con regularidad, sin dejar de lado los otros cuatro. Su esposa

vivirá con un tanque de amor lleno y lo más probable es que admire y responda al esposo que satisface esta necesidad.

Su necesidad de seguridad también es fundamental. En primer lugar, es una necesidad física (¿qué esposo no se ha levantado de la cama a las tres de la mañana para investigar un «ruido extraño»?), pero su mayor necesidad de seguridad es la de tener la reafirmación profunda de que su esposo está comprometido con ella. El esposo que amenaza a su esposa con palabras de divorcio, o hace comentarios como «Estarías mejor con otra persona» o «Creo que encontraré a otra persona», está siguiendo un patrón dañino. El esposo amoroso hará todo lo posible por comunicarle a su esposa que pase lo que pase, estará a su lado. Si hay desacuerdos, se tomará el tiempo necesario para escuchar, comprender y buscar una solución. Si ella sufre dolor físico o emocional, él estará a su lado. Betsy lo expresó muy bien cuando dijo sobre su esposo: «Sé que Greg está conmigo pase lo que pase. Está comprometido con nuestro matrimonio. Me da una gran sensación de seguridad».

Al esposo amoroso también le preocupa el sentido de autoestima de su esposa. Si ella encuentra satisfacción y significado jugando al sóftbol, él será su principal animador. Si ella se siente realizada siendo la mejor experta en informática de la empresa, él estará allí para expresar su admiración por sus habilidades. Si decide ser madre que «trabaja desde casa», él apoyará su decisión de todo corazón. Cualquiera de estas vías para ganar autoestima puede causarle alguna preocupación emocional o requerir más trabajo físico de su parte. Sin embargo, está dispuesto a hablar con ella de sus luchas emocionales, y a buscar comprensión y unidad debido a que está comprometido con su bienestar.

No solo somos seres físicos y emocionales, sino también sociales. Algunos hombres se resisten a la necesidad de sus esposas de desarrollar relaciones sociales fuera del trabajo y la familia, o al menos permiten de forma pasiva que sus esposas planifiquen todos sus compromisos sociales. Una esposa puede querer que su esposo la acompañe a un concierto sinfónico. Puede que quiera que le organice una cena en el barrio o que participe con ella en un estudio bíblico en la iglesia. Es posible que tales actividades no estén en lo más alto de su lista de prioridades, pero enseguida cobran importancia porque para él es relevante satisfacer las necesidades de ella. Reconoce que, al ayudarla a desarrollar relaciones sociales, está mejorando su sentido de realización. No las desprecia ni las tacha de superficiales y sin importancia. Las considera una parte normal de su vida y permite que sus intereses le lleven a satisfacer sus necesidades.

6. *Un esposo amoroso tratará de ser un ejemplo en sus valores espirituales y morales.* Todos los hombres tienen valores espirituales y morales. Por valores morales me refiero a un conjunto de creencias sobre lo que está bien y lo que está mal. Por valores espirituales me refiero a un conjunto de creencias sobre lo que existe más allá del mundo material.

En una familia sana y amorosa, lo que un hombre valora se demostrará por su forma de vivir. Cuanto más se acerque un hombre a vivir según creencias espirituales y morales dignas, más lo respetará su esposa. Cuanto mayor sea la distancia entre lo que proclama creer acerca de estos temas y lo que hace en realidad, mayor será la falta de respeto que genere.

Es cierto que algunos hombres no se sienten tan cómodos como las mujeres con demostraciones abiertas y verbales de compromiso espiritual, o pueden expresar su compromiso de fe de otras maneras, por ejemplo, sirviendo junto a otros hombres en un proyecto de trabajo de la iglesia. Por lo tanto, es importante mirar más allá de prácticas específicas como «liderar devocionales familiares» hacia aspectos tan amplios como la bondad, la integridad y la confiabilidad.

En cuestiones espirituales y morales, el mejor recurso de liderazgo del esposo es su propio ejemplo. Si la esposa considera que su vida es coherente con lo que dice creer, lo respetará incluso si no está de acuerdo con sus creencias. En cambio, si no vive de acuerdo a las creencias que defiende, ella le perderá el respeto. Esto no significa que el esposo deba ser perfecto. Significa que debe hacer un esfuerzo consciente para aplicar sus creencias espirituales y morales a su propio estilo de vida. Cuando fracasa, debe estar dispuesto a reconocer su fracaso y pedir perdón. En este acto de confesión es que demuestra que sus creencias son firmes y auténticas, y que no se excusará por un comportamiento erróneo. Es mejor captar las creencias espirituales y morales que enseñarlas. El esposo amoroso tratará con diligencia ser auténtico. Tal autenticidad tendrá una influencia positiva sobre su esposa y sus hijos. Cualquier otra cosa lo hará parecer hipócrita.

Antes de abandonar este tema, debo reconocer que, dentro de la cosmovisión cristiana, no se cree que esa vida auténtica se obtenga mediante el esfuerzo humano, sino que es el resultado de que una persona le abra su vida al Espíritu de Cristo y permita que ese Espíritu moldee su pensamiento y sus acciones. Es un esfuerzo cooperativo entre su espíritu y el Espíritu de Dios. No es el resultado de una auto-disciplina aislada. Esto, en verdad, es una de las distinciones únicas de la fe cristiana. Se trata de una realidad que, en lo personal, me ha parecido tremendamente liberadora.

Si bien no es una lista exhaustiva, las seis características enumeradas anteriormente servirán como pautas para el esposo que busca ser un líder amoroso en su matrimonio. Me hubiera encantado que en los primeros días de mi matrimonio alguien me hubiera dado una lista así. En general, estos principios los aprendí a lo largo de varios años de intensas luchas matrimoniales. La mayoría de estas características no eran ciertas en los primeros años de mi matrimonio. En mi opinión, eso explica casi todas las dificultades que mi esposa y yo encontramos en esos años. Cuando John, nuestro antropólogo residente, pasó un año con nosotros, la mayoría de estas características se habían desarrollado hasta cierto punto en mi relación con Karolyn. He aquí, en palabras del propio John, lo que observó.

Te veía como el líder espiritual del hogar. Tomabas iniciativa en cosas como leer la Biblia con la familia y orar en las comidas, pero nunca sentí que lo hicieras de una manera dominante. Parecía una parte natural de la vida. Toda la familia participaba.

Recuerdo que parecías ansioso por servir a Karolyn. Parecías respetarla mucho. Nunca sentí que te aprovecharas de ella. La veías como una compañera con los mismos derechos. En realidad, ambos mostraban un verdadero respeto mutuo. Sus personalidades eran muy diferentes, pero parecían complementarse. Ninguno parecía tener celos del otro. Trabajaban bien como equipo. Todavía me admira eso.

CAPÍTULO ONCE

Lo que los padres hacen por sus familias

En mi propia labor de consejería, a menudo me encuentro con personas que batallan contra lo que se ha llamado «hambre de padre». En mi opinión, gran parte de la ira, la depresión y la confusión que observo en las vidas de los jóvenes adultos tiene su origen en el hambre de una conexión paterna. Esta hambre de padre es el resultado de haber recibido muy poca cantidad y calidad de paternidad en la infancia, y de muy poca intimidad entre padre e hijo.

Me parece que esta deficiencia paterna proviene de tres categorías de padres. La primera, y la más obvia, es la del padre ausente. La muerte, el divorcio y el abandono han dejado a millones de niños sin padres. Alrededor del veintitrés por ciento de los niños que crecen en Estados Unidos pasarán una parte de sus vidas antes de cumplir los dieciocho años en un hogar monoparental, y la mayoría de estos niños tendrán un contacto mínimo con sus padres[1].

La segunda categoría es lo que le llamo el padre «presente, pero no disponible». Se trata del padre que vive en la misma casa con el niño y la madre, pero tiene poco tiempo disponible para ser padre. El vendedor que pasa fuera toda la semana y está agotado los fines de semana, o el ejecutivo que pasa catorce horas al día viajando y trabajando y solo ve al niño cuando está dormido son ejemplos de esta categoría. La tercera categoría son los padres incapaces. Viven en el hogar, pero no tienen idea de cómo desarrollar una relación íntima con sus hijos. No saben ser padres, pues nunca lo fueron.

Lo lamentable es que algunos de estos padres recibieron un trato duro de sus padres y ahora lo duplican con sus propios hijos. Los niños que crecen en estos hogares no solo sufren de deficiencia paterna, sino que a menudo están llenos de una intensa ira hacia sus padres, que se expresa en diversos comportamientos antisociales. Estos padres destruyen a sus hijos en lugar de edificarlos. El padre que golpea, maltrata, denuncia de palabras o perturba la estabilidad del hogar con el alcohol, el juego, las drogas o el mal humor extremo es, en efecto, alguien con propiedades contrarias al padre. Le roba la risa despreocupada de la infancia.

Tengo la profunda opinión de que si los padres de estas tres categorías pudieran convertirse en líderes amorosos para sus hijos, podríamos cambiar de manera radical el panorama social de la próxima generación. Evitaríamos que millones de niños se autodestruyeran y veríamos nuestras comunidades llenas de niños riendo, jugando y aprendiendo; desarrollando su potencial creativo e intelectual, y convirtiéndose en adultos responsables y solidarios. Algunos dirían que es un sueño imposible, pero no por ello deja de ser mi visión constante. Es lo que me motiva a llevar a cabo seminarios y talleres, y a invertir horas en la oficina de consejería, ayudando a los padres a ver la importancia de su papel en una paternidad saludable y a aprender cómo hacerlo con eficacia.

En este capítulo, mi propósito no es minimizar el papel de la madre en la crianza del niño. Ese papel es absolutamente esencial para un niño sano, pero he observado que las madres de esta generación están haciendo un trabajo mucho mejor que los padres. En parte, esto se debe a que, hasta hace muy poco, a los padres no se les había enseñado la extrema importancia de la relación padre-hijo. Me gusta cómo lo expresa Schaller: «El padre de un niño suele ser el primer varón que escribe sus pensamientos y sentimientos en el corazón de su hijo»[2].

LO QUE NOS DA NUESTRO PADRE

Gran parte de la identidad del niño tendrá la influencia de las palabras y del trato del padre. El niño llegará a creer que es especial, valioso, bueno o un mocoso inútil en gran medida a partir de los mensajes que reciba de su padre. Lo vi ilustrado de manera gráfica en mi oficina por Pam, que dijo: «Nunca he sentido que fuera tan inteligente como los demás. Siempre he sentido que otras personas tienen más habilidades que yo». En realidad, era una contable de gran éxito; sus compañeros admiraban sus logros. En conversaciones posteriores se hizo evidente que lo que Pam sentía estaba directamente relacionado con los mensajes que escuchó de su padre en la infancia. Como dice el Dr. Schaller: «Llevamos a nuestros padres dentro de nosotros mucho después de su muerte. Seguimos modelándolos, dialogando con ellos y escuchándolos [...]. Muchos de nosotros seguimos reflejando la imagen de nosotros mismos que nuestros padres escribieron en nuestras almas»[3]. Los adultos que no recibieron una imagen positiva de sí mismos de sus padres cuando eran niños pueden sentirse inseguros toda la vida. Los que sí recibieron mensajes positivos y de apoyo de sus padres, suelen ser fuertes incluso en medio de la adversidad.

El padre también influye mucho en el nivel de motivación del hijo. Cuando nuestra hija se graduó de la escuela de medicina, la copresidenta de la promoción, Karen Popovich, se dirigió a la audiencia. Me conmovió profundamente saber que su padre, también médico, falleció un mes antes. Con serena confianza, se dirigió al público reconociendo que la muerte de su padre le había recordado que la ciencia médica tiene limitaciones. Sin embargo, al reflexionar sobre sus propios logros, honró a su padre cuando dijo: «Mis logros son en gran medida un tributo a mi padre, que me enseñó a lo largo de los años que podemos conseguir cualquier cosa que soñemos. Me inculcó un espíritu positivo para conquistar todo lo que era capaz de lograr. Siempre estaré en deuda con él». Con amables palabras, demostró la influencia de un padre en el nivel de motivación de un hijo.

La identidad sexual del niño también recibe una gran influencia debido a la relación padre-hijo. En una familia funcional, el padre reconoce que su papel es tan importante como el de la madre a la hora de fomentar la feminidad de su hija y la masculinidad de su hijo. Las expresiones regulares de amor, las sólidas palabras de apoyo y el reconocimiento de sus logros contribuyen en gran medida a ayudar a que su hija se convierta en una mujer segura, amorosa y alegre. Tales palabras y acciones no son menos importantes para el desarrollo de la masculinidad del hijo. Esto no significa obligar al hijo a adoptar sus propias ideas de lo que significa ser varón; significa animarle en sus propios intereses y decirle que, sean cuales sean sus intereses, estás a su disposición para apoyarle y animarle. Los estudios han demostrado la importancia de una fuerte conexión paterna en el desarrollo de la sexualidad del niño.

Otra esfera en la que el padre influye en el niño es en su forma de relacionarse con los demás. Lo que los padres comunican y demuestran sobre las relaciones influye fuertemente en la forma en que sus hijos se relacionan con las personas. Si el padre le comunica a su hijo que los hombres no hablan de sentimientos, es probable que su hijo tenga grandes dificultades para hablar de sus sentimientos con su futura esposa. Si el padre indica que no se puede confiar en la gente, sus hijos tendrán mayores dificultades para desarrollar la confianza en las relaciones.

Si, por el contrario, el padre comunica que nada es más importante en la vida que las relaciones, si el uso de su tiempo y dinero demuestra que de veras lo cree, tal vez sus hijos crezcan siendo personas que les dan prioridad a las relaciones. Si los padres demuestran que la ira debe reconocerse pero controlarse, que debemos procesarla sin violencia, será mucho más probable que el niño la considere una emoción saludable y aprenda maneras de procesarla de forma constructiva. El papel del padre en la enseñanza de habilidades relacionales a los niños es de suma importancia.

CARACTERÍSTICAS DE UN PADRE AMOROSO

1. *Un padre amoroso se implicará de forma activa.* El padre tomará el liderazgo, la iniciativa. En su papel de padre, tratará de involucrarse con tenacidad en la vida del niño desde el principio. El padre pasivo responde. Solo se relaciona con el niño cuando este inicia el proceso. Cuando el niño llora y luego suplica o controla, el padre pasivo responde. En una familia sana, el padre siempre busca maneras de implicarse en la vida de sus hijos. No espera a que lo llamen, sino que anticipa cómo podría estimular sus mentes o emociones para un crecimiento positivo.

Uno de mis pesares personales es que nuestros dos hijos nacieron en el antiguo régimen médico que no le permitía al padre entrar en la sala de partos. Me parece que la práctica actual de animar a los padres a participar en el nacimiento de sus hijos es un comienzo mucho más saludable hacia una vida de paternidad activa.

Aunque no me permitieron entrar en la sala de partos, pronto aprendí a ser un padre activo. Atesoro los recuerdos de tener a mis hijos en brazos cuando eran bebés, moviendo la cabeza de un lado a otro para ver si me seguían con la mirada, hablando «lenguaje de bebé» (que en cualquier otro contexto haría que un hombre pareciera loco). Unos meses más tarde me tumbaba en el suelo y dejaba que los niños gatearan sobre mí y me golpearan con ositos de peluche. (Siempre es importante lo que dejas en manos de los niños pequeños. Se lo comerán o lo usarán como arma contra ti). Luego vinieron las pelotas, los camiones y los triciclos. Me involucré en todos. Esta es la alegría de ser padre: puedes retroceder y no perder tu estatus.

2. *Un padre amoroso dedicará tiempo para estar con sus hijos.* Hago hincapié en «dedicará tiempo», pues las exigencias actuales del mundo empresarial y profesional, y los largos viajes que muchos de nosotros tenemos que afrontar, hacen que la paternidad involucrada sea aún más difícil. Sin embargo, incluso los papás que se quedan más cerca de casa pueden ser padres «ausentes», pasando largas horas frente a la computadora, por ejemplo. Las madres que trabajan fuera de casa han tenido que aprender a hacer malabarismos y sacrificios, a fin de dedicarles tiempo a sus hijos. Los papás pueden hacer lo mismo.

Una de las cosas que John observó mientras vivía en nuestra casa durante un año es que, cuando yo tenía responsabilidades nocturnas, organizaba mi horario de manera que pudiera volver a casa por la tarde, cerca de la hora en que los niños llegaban de la escuela y pasaba un par de horas ayudándoles con los deberes o jugando con ellos. Me veía llevar a cada uno de los niños a desayunar una vez al mes solo para pasar tiempo de calidad con ellos individualmente. Si hubiera estado allí unos años más tarde, me habría visto ajustar mi horario para asistir a los partidos de fútbol de las Ligas Menores y, más tarde aún, a los partidos de baloncesto del instituto donde jugaba Derek. Me habría visto adaptar mi agenda para asistir a recitales de piano y otros eventos musicales en los que participaba nuestra hija. Me habría visto pasear con mi hija dos o tres tardes a la semana para hablar de libros, de chicos y de otros temas importantes. Me habría visto abriendo los ojos para mantener conversaciones en profundidad con mi hijo, cuyos motores intelectuales y emocionales parecen encenderse después de las once de la noche. No fue fácil encontrar tiempo para ser padre, pero estoy agradecido de haber aprendido pronto algo sobre la importancia de ser padre. Hoy en día, nuestra conexión padre-hijo sigue siendo fuerte.

3. *Un padre amoroso entabla conversación con sus hijos.*

—¿Qué pasó hoy en la escuela? —le preguntó Mark a su hija de cuarto grado, Katie.

—Saqué un sobresaliente en arte —le respondió.

—Maravilloso — dijo Mark—. ¿Puedo verlo?

—Claro —le contestó mientras lo dejaba sobre la mesa.

—Me gusta. Dime, ¿qué te pasaba por la cabeza mientras pintabas este cuadro?

—Bueno, cuando estaba pintando el cielo, pensaba en el tiempo que pasamos en la playa este verano. ¿Recuerdas cuando el cielo estaba tan azul y nos tumbábamos en la arena a mirar las nubes?

—Lo recuerdo —dijo Mark—. La arena estaba muy caliente.

—Excepto cuando venían las olas —le recordó Katie.

—Sí, y nos mojamos los dos —respondió Mark y, luego, le preguntó—: ¿Qué es lo que más te gusta de ir a la playa?

—Creo que el cielo. Siempre está muy bonito, y por la noche puedes ver las estrellas. No es como en la ciudad. Las estrellas brillan mucho.

—¿Recuerdas la noche que vimos la Osa Mayor? —preguntó Mark.

—Sí —dijo Katie—, y Sam nunca pudo encontrarla.

Mark se rio y dijo:

—Pero lo hará. Tal vez el año que viene. Entonces, ¿en qué más estabas pensando cuando hiciste el dibujo?

Y así continúa la conversación. Y así se desarrolla la conexión con el padre.

No hay sustituto para la conversación habitual. Es el vehículo por el que el padre y el hijo hablan de pensamientos, sentimientos, ideas, deseos y decisiones. Es donde el niño aprende sobre la historia de un padre y un padre le enseña sus valores. Es donde un hijo hace preguntas y recibe respuestas, donde un padre le da ánimo y planta ideas.

4. *Un padre amoroso juega con sus hijos.* Esta puede ser la parte más divertida de ser padre, a menos, por supuesto, que tengas la idea distorsionada de que el juego es para los niños y el trabajo para los padres. En realidad, el juego nos brinda la oportunidad de entrar en el mundo de nuestro hijo en cada nivel de desarrollo. En el caso del

niño que está en la cuna, agitamos objetos brillantes y observamos cómo mueve los ojos de un lado a otro. Colocamos objetos a unos centímetros de distancia y observamos cómo el niño se estira y se lleva el objeto a la boca. Más tarde, hacemos rodar pelotas y leemos libros de cuentos. Aún más tarde, lanzamos balones de fútbol y jugamos en la computadora. Sin embargo, mientras tanto, disfrutamos la vida con nuestros hijos.

Un problema común es que los padres a menudo quieren convertir el juego en trabajo. Su énfasis está en ganar y «hacerlo bien» en lugar de divertirse. He conocido a padres que nunca dejarían que sus hijos ganaran en ningún juego. Su filosofía era que si demostraban un mayor nivel de competencia, el niño se sentiría motivado para ganarles y alcanzar así su máximo potencial. Lo cierto es que la mayoría de los niños que nunca ganan en un juego con sus padres acaban perdiendo el interés por el juego y llegan a detestarlo mucho. A nadie le gusta perder siempre.

Nunca debemos olvidar que el objetivo principal del juego es divertirse. Esto no significa que el niño no esté aprendiendo coordinación motora, conocimientos intelectuales, habilidades que necesitará en la edad adulta o habilidades atléticas. Todo esto sucede de vez en cuando, pero es el subproducto del juego, no su finalidad. El juego es el momento de reír, de usar la imaginación, de crear mundos de fantasía.

Una niña de cinco años que viste una muñeca y le explica a su padre que la está preparando para ir a una fiesta está expresando parte de su propia fantasía sobre el futuro. También puede estar revelando mucho de lo que entiende sobre las actividades de sus padres. En el contexto del juego es donde a menudo escuchamos a nuestros hijos expresar nuestros propios valores. Les oímos decir a las muñecas lo que nosotros les decimos con frecuencia. Recuerdo a la niña en una clase de preescolar que le dijo a su muñeca: «Ahora te sientas ahí en el rincón hasta que tu padre llegue a casa». Estaba segura de que la madre se habría sentido avergonzada si hubiera observado el comportamiento y las palabras de su hija. En el juego aprendemos mucho sobre lo que pasa por la mente de nuestros hijos.

5. *Un padre amoroso enseña sus valores*. En los últimos años, algunos han considerado inapropiado enseñarles valores a los hijos. La idea es que al niño se le debe dar la libertad de elegir sus propios valores. Una madre se negó a enseñarles a sus hijos algunas de las canciones religiosas que aprendió de niña, pues no quería predisponerlos a ningún punto de vista religioso concreto. Esta filosofía supone que los niños crecen en el vacío y que, a cierta edad, eligen los valores que más les convienen. En mi opinión, se trata de una suposición falsa por completo.

Desde los primeros días, los niños reciben la influencia de todo lo que les rodea. Los padres, maestros, los cuidadores, compañeros, medios de comunicación, todos tienen un impacto en el pensamiento y las emociones de los niños. Y, aunque intentemos de manera consciente no expresar nuestros valores, los enseñamos a través de nuestra forma de vivir. Es más, nuestros valores determinan nuestro comportamiento. No es difícil para un niño determinar lo que es importante para sus padres, incluso si estos no lo afirmen con palabras. Por ejemplo, el padre que va a trabajar todos los días sin quejarse le enseña a su hijo con ese comportamiento que el trabajo es honorable y bueno, y que el padre lo valora mucho. Sin una palabra, el niño aprende el valor del trabajo.

El padre que elige ser un líder amoroso cree en sus propios valores, pues ha descubierto que le aportan un nivel de satisfacción, paz mental y propósito en la vida. Siendo este el caso, desea enseñarles estos valores a sus hijos. Los valores son solo las cosas de la vida a las que le atribuimos valor. Los valores son firmes creencias arraigadas por las que ordenamos nuestra vida. Si creemos en la virtud de la sinceridad, buscaremos ser sinceros en nuestro trato con los demás. Si creemos en la virtud del trabajo duro, intentaremos trabajar de manera honrada para nuestro empleador. Si creemos en la virtud de la bondad, la demostraremos en la forma en que tratamos y hablamos con nuestros vecinos.

Por supuesto, la enseñanza de valores es una tarea en la crianza que recae tanto en la madre como en el padre. Mi énfasis aquí está en la intencionalidad del padre en la formación de valores, ya que si el padre guarda silencio en este ámbito mientras la madre habla, los niños pueden volverse inseguros e incluso confundidos en cuanto a lo que los padres consideran valioso.

Dado que la mayoría de los valores con los que estoy comprometido en lo personal tienen sus raíces en la Biblia, nuestro antropólogo residente me veía a menudo sentado en el sofá leyéndoles una historia bíblica a los niños, permitiéndoles que hicieran preguntas y haciéndoles algunas mías. Me anima el hecho de que mis hijos adultos decidieran ahora vivir sus vidas dentro de ese marco de valores.

Hace años me quejé con mi hijo, que entonces estaba en la escuela de posgrado, sobre la cantidad de multas de estacionamiento que recibió en Cambridge, Massachusetts. Su apartamento estaba en la cercana Arlington. Me explicó que para obtener una pegatina de estacionamiento para la ciudad de Cambridge, había que vivir en Cambridge. «Algunos de mis amigos», dijo, «mintieron y consiguieron pegatinas para poder estacionar en Cambridge sin que les pusieran multas. De alguna manera, no pensaba que eso fuera honrado, así que no lo hice. Prefería que me pusieran unas cuantas multas que mentir». Fue un duro recordatorio para mí de que la honradez a veces cuesta cara, pero sigo creyendo que es la mejor norma y me alegra ver que mi hijo personaliza esta virtud.

6. *Un padre amoroso cuida y protege a sus hijos.* Este es el nivel más básico de paternidad. Satisfacer las necesidades de alimento, vestido y refugio de los hijos es lo mínimo que un padre puede hacer por su descendencia. Me horrorizan los miles de padres de hoy en día que optan por alejarse de las madres de sus hijos y no tienen ningún sentido de la responsabilidad de satisfacer las necesidades físicas de estos hijos. Es el tipo de rechazo más fundamental. No es de extrañar

que muchos de los hijos e hijas de esos padres crezcan atacando a los demás, en lo que tal vez sea una ira desviada hacia sus padres.

Una vez tuve un amigo que, a los cincuenta y tantos años, perdió el trabajo que le había proporcionado buenos ingresos durante muchos años. Para poder pagar sus facturas básicas, dejó a un lado el traje y la corbata, y aceptó un trabajo de reponedor en una tienda de comestibles local en el tercer turno. Era un mundo nuevo por completo para él, pero prefirió el camino del trabajo honrado al del desempleo. Después de varias semanas así, le dije a su hija en su presencia: «Quiero que sepas el gran respeto que tengo por tu padre. He conocido a muchos hombres que han perdido sus empleos y han esperado meses para encontrar el trabajo adecuado. Tu padre no ha hecho eso; ha tomado la iniciativa de trabajar en una situación muy difícil para poder proporcionarle ingresos a su familia. Siento una gran admiración por él». Pude ver el brillo en sus ojos y supe que ella también admiraba la decisión de su padre.

Un padre amoroso también protegerá a sus hijos. Sí, cerrará las puertas por la noche. Quizá instale un sistema de alarma o, al menos, ponga una silla grande delante de la puerta por la noche. Su acción es, en mi opinión, un simple acto de amor humano que demuestra que quiere lo mejor para sus hijos y se compromete a protegerlos de cualquiera que quiera hacerles daño.

Un padre que ama a sus hijos hará todo lo posible para evitar que las drogas y el alcohol les destruyan la vida. En última instancia, no puede controlar el comportamiento de sus hijos, incluida su decisión de consumir alcohol u otras drogas, pero hará todo lo posible, tanto con su ejemplo como con sus enseñanzas, a fin de mantenerlos alejados de tales peligros. Dedicará tiempo para hablar con maestros, directores y entrenadores, o cualquier otra persona que pueda ayudarle a proteger a sus hijos. Uno de sus deseos más fundamentales es que sus hijos vivan para que puedan experimentar algunas de las alegrías que él ha experimentado en la vida.

7. *Un padre amoroso ama a sus hijos de manera incondicional.* Muchos padres les comunican estos mensajes a sus hijos: «Te quiero si sacas buenas notas; te quiero si practicas bien los deportes; te quiero si limpias tu habitación; te quiero si le das de comer al perro; te quiero si no me gritas; te quiero si te apartas de mi camino». Ese amor es el pago por un buen comportamiento. El verdadero amor no tiene condiciones. «Soy tu padre y estoy comprometido con tus mejores intereses pase lo que pase. Si faltas a la escuela, te seguiré queriendo. Haré todo lo que esté a mi mano para que asistas a la escuela, pero no te rechazaré aunque no estés a la altura de mis expectativas. Mi amor me llevará a disciplinarte cuando lo crea oportuno. Aun así, gracias a mi amor, nunca te rechazaré». Ese es la clase de amor que todo hijo merece de un padre.

EL PUNTO DE VISTA DE UN HIJO: LA AUSENCIA DEL PADRE

Como ya hablamos de la importancia del amor en un capítulo anterior, no volveré a insistir en este punto. No obstante, sí quiero enfatizar que el amor del padre es esencial para el sano desarrollo emocional de sus hijos. Incluso a los hijos que se les privó de un padre amoroso sueñan con uno así. Escucha las siguientes palabras escritas a modo de ensayo sobre el tema «¿Qué es un hombre?», escritas por un estudiante del instituto de dieciséis años cuyos padres se divorciaron cuando él tenía ocho años. Su padre se fue y nunca regresó, y su padrastro era tiránico, diciéndole a menudo cosas como: «Cállate. No vales nada. Estúpido. Nunca llegarás a nada». Este es un niño que de veras nunca tuvo un padre, nunca experimentó el fuerte amor de un verdadero hombre, pero que tenía una visión de lo que es un hombre. Esto es lo que escribió:

Un hombre de verdad es amable.
Un hombre de verdad se preocupa.

Un hombre de verdad se aleja de las tontas peleas machistas.
Un hombre de verdad ayuda a su esposa.
Un hombre de verdad ayuda a sus hijos cuando están enfermos.
Un hombre de verdad no huye de sus problemas.
Un hombre de verdad mantiene su palabra y cumple sus promesas.
Un hombre de verdad es honrado.
Un hombre de verdad no tiene problemas con la ley[4].

He aquí la visión que tiene un hijo solitario de un padre que ama de manera incondicional.

CAPÍTULO DOCE

Solo para esposas:

EL ADMIRABLE ARTE DE ANIMAR

Creo que la mayoría de los esposos se encuentran en algún punto entre «perfectos en todos los sentidos» y «fracaso total». Es posible que tú, como esposa, leyeras los capítulos anteriores y desearas que tu pareja pudiera estar a la altura de la descripción de un esposo y padre amoroso. Anímate: puede serlo. Sin embargo, él no puede hacerlo sin ti.

No estoy sugiriendo que puedas cambiar a tu esposo. Lo que sugiero es que puedes ser una influencia positiva en su vida. Las siete ideas que voy a presentar se las he dado a cientos de esposas a lo largo de los años en mi práctica de consejería. Muchas las han utilizado y les han resultado eficaces.

LOS HOMBRES RESPONDEN POSITIVAMENTE A LOS ELOGIOS

Jack era un hombre duro en el mundo de los negocios, pero en mi oficina estaba llorando. «No lo entiendo. En el mundo de los negocios me respetan. La gente acude a mí en busca de consejo y a menudo recibo aprobación, pero en casa lo único que recibo son críticas. Mi esposa siempre me critica. Se diría que soy un fracaso absoluto. Sé que no lo soy, pero creo que es así como ella me percibe». Más tarde, cuando hablé con su esposa, Liz, descubrí que estaba de acuerdo en que era un buen esposo y padre, pero había algunos aspectos en los que estaba firmemente convencida de que necesitaba mejorar. Y estaba decidida a que lo supiera.

El problema era que lo que Liz consideraba sugerencias, Jack lo veía como críticas. Sus esfuerzos por fomentar el crecimiento habían fracasado. En lugar de hacer cambios positivos, estaba resentido con ella. Su motivación para cambiar se había agotado.

El hecho es que ninguno de nosotros responde bien a las críticas constantes. En cambio, todos respondemos bien a las expresiones de elogio y aprecio. Desde el niño más pequeño hasta el adulto mayor, cuando nuestro club de fans nos aplaude, nos esforzamos más. El niño que se cae mientras aprende a caminar se sentirá animado a intentarlo de nuevo por el adulto que le anima. El esposo que desea con urgencia sentirse bien consigo mismo se animará a esforzarse más cuando su esposa elogie sus esfuerzos.

Por lo tanto, si deseas motivar a tu esposo para que madure, concéntrate en las cosas que está haciendo bien y felicítalo. Y *no esperes a alcanzar la perfección para elogiarlo*. Felicítalo por su esfuerzo incluso si su desempeño no está a la altura de tus expectativas. La forma más rápida de influir en el desempeño de calidad es expresar aprecio por el desempeño anterior. Quizá te preguntes: «Pero si lo elogio por su mediocridad, ¿no ahogará el crecimiento?». La respuesta es un rotundo no. Tus elogios lo impulsan a conseguir mayores logros. Por el contrario, si no expresas agradecimiento por sus esfuerzos a lo largo del camino, puede llegar a la conclusión que no es importante para ti y que deje de sentirse motivado. Mi desafío es que busques las cosas que tu esposo hace bien y que lo elogies. Elógialo en privado, elógialo delante de los niños, elógialo delante de sus padres y de los tuyos, elógialo delante de sus compañeros. Después, apártate y observa cómo va por el oro.

Solo para esposas:

PETICIONES... NO EXIGENCIAS

A ninguno de nosotros le gusta que lo controlen y las exigencias son intentos de control. «Si no cortas el césped esta tarde, yo lo cortaré». No haría esa exigencia a menos que quieras ser el que corte siempre el césped. Es mucho más eficaz decirle: «¿Sabes qué es lo que de veras me haría feliz?», y esperar hasta que pregunte: «¿Qué?». Entonces, dile: «Si pudieras cortar el césped esta tarde». Podrías agregar: «Incluso, estaría dispuesta a ayudar si lo deseas». (¡No agregues la última oferta a menos que seas sincera!).

Permíteme ilustrarlo aplicándote el principio. ¿Cómo te sentirías si tu esposo te dijera: «No me has horneado galletas desde que nació el bebé. Supongo que seguiré comiendo galletas Chips Ahoy durante dieciocho años más». Ahora bien, ¿eso no te motiva a correr a la cocina y empezar a preparar un poco de masa para galletas? Ni en sueños. Sin embargo, imagina que te dice: «¿Sabes lo que me gustaría comer? Algunas de tus galletas con chispas de chocolate, las que llevan pequeñas nueces. Solo en algún momento cuando tengas la oportunidad...». Lo más probable es que esté comiendo galletas calientes antes de que termine la semana. ¿Por qué? Todos respondemos de manera más positiva a las peticiones que a las exigencias.

Cuando quieras motivar a tu esposo a pasar más tiempo con los niños, no le digas: «Si no empiezas a pasar tiempo con los niños, te perderás sus vidas. Se irán antes de que nos demos cuenta». Es mucho mejor expresar tu deseo en términos de una petición. «¿Te sería posible jugar Scrabble en línea con Anna esta noche? Se divirtió mucho la última vez que jugaron». No estoy sugiriendo que tu marido haga todo lo que le pidas. Lo que sugiero es que será mucho más receptivo a tus peticiones que a tus exigencias.

Cuanto más específica sea tu petición, más fácil será que responda tu esposo. Las peticiones como «Me gustaría que nos divirtiéramos más» o «Me gustaría que pasaras más tiempo con Josh» son demasiado generales para ser eficaces. Es mucho mejor pedirle que vayan al cine o que trabaje con Josh en un proyecto escolar.

Tal vez te resulte útil hacer una lista de las seis características de un esposo amoroso y las siete características de un padre amoroso, y debajo de cada una escribas una o dos peticiones específicas que creas que mejorarían el papel de tu esposo como líder amoroso. Por favor, no le des tu lista de peticiones de una sola vez, sino selecciona de tu lista una petición por semana. Añade un poco de elogio junto con la petición y es posible que veas a tu esposo responder de manera mucho más positiva a tus deseos.

LOS HOMBRES TAMBIÉN NECESITAN AMOR

Parece sencillo, pero es fácil de olvidar: los hombres necesitan con urgencia el amor emocional. La persona que más le gustaría a un hombre que le amara es su esposa y, en efecto, si se siente amado de verdad por su esposa, el mundo le parecerá brillante y alcanzará su máximo potencial. Si, por el contrario, su tanque de amor está vacío y no se siente amado por su esposa, el mundo se verá oscuro y él se hundirá hasta el nivel más bajo. Por lo tanto, pocas cosas son más importantes para motivar a tu esposo a un crecimiento positivo que satisfacer de manera constante su necesidad de amor. En una sección anterior, analizamos los cinco lenguajes del amor y la importancia de aprender a hablar el lenguaje principal del amor de tu cónyuge. No repetiré esa información aquí, excepto para decir que pocas cosas son más importantes que descubrir y hablar el lenguaje principal del amor de tu esposo. Si hablas su lenguaje con constancia, satisfarás su necesidad de amor emocional. Con un tanque de amor lleno, estará mucho más motivado en sus esfuerzos por ser un esposo y padre amoroso.

Mi archivo está lleno de cartas como la siguiente:

Dr. Chapman, me siento obligada a escribirle para darle las gracias por su libro *Los cinco lenguajes del amor*. Ha cambiado mi matrimonio de la manera más impresionante. Mi esposo y yo llevábamos una relación a la deriva. Nos sentíamos distantes y nuestros conflictos eran cada vez más frecuentes. Una amiga me regaló su libro y, al leerlo, descubrí que hacía muchos años que yo no hablaba el lenguaje principal del amor de mi esposo, ni él tampoco el mío. Le sugerí que leyera el libro, pero su agenda es muy apretada y no lo leyó durante varias semanas. Me sentí decepcionada, pero decidí practicar lo que había aprendido. Así que comencé a hablar su lenguaje con regularidad. Toda su actitud hacia mí empezó a cambiar. Cuando me preguntó por qué estaba tan diferente últimamente, le dije que era por el libro que había leído sobre los cinco lenguajes del amor. Decidió que tal vez debería leer el libro. Lo hizo y lo comentamos. Reconoció que él tampoco había estado hablando mi lenguaje principal y, a la semana siguiente, noté un claro cambio en su respuesta hacia mí. Ahora los dos tenemos los tanques de amor llenos y nuestro matrimonio nunca ha estado mejor. Solo quería darle las gracias por el libro y decirle que lo estoy compartiendo con todas mis amigas.

Atentamente,

Beverly

Beverly no es la única. El amor es el arma más poderosa del mundo para hacer el bien, y cuando una esposa elige amar a su esposo y aprende a expresar ese amor en su lenguaje principal del amor, el tanque de amor del esposo comienza a llenarse y su actitud empieza a cambiar. Esto marca una profunda diferencia en su nivel de motivación para trabajar en su matrimonio y en sus habilidades como padre.

CÓMO SATISFACER LAS NECESIDADES DEL OTRO

En muchos sentidos, el matrimonio es una sociedad de ayuda mutua. Ambos somos criaturas necesitadas. Eso es lo que nos unió. Lo esencial es que el hombre y la mujer se crearon el uno para el otro. Nuestras diferencias se diseñaron para complementarse. Cuando el matrimonio es saludable, las necesidades del esposo se satisfacen mediante una relación íntima con su esposa, y las necesidades de ella se satisfacen mediante una relación íntima y amorosa con él.

En su libro *Lo que él necesita, lo que ella necesita*, Willard Harley afirma que las cinco necesidades principales del esposo son (1) plenitud sexual, (2) compañía recreativa, (3) cónyuge atractiva, (4) sostén doméstico y (5) admiración; mientras que las cinco necesidades principales de la esposa son (1) afecto, (2) conversación, (3) honestidad y franqueza, (4) seguridad financiera y (5) compromiso familiar[1].

Esto no significa que todos los esposos y esposas encajen en una misma categoría. Significa que nuestras necesidades son casi siempre diferentes.

Lo importante es descubrir las necesidades básicas de tu esposo y las formas en que puedes satisfacerlas. La satisfacción de esas necesidades mejorará su sentido de autoestima y realización. En los capítulos anteriores dijimos que descubrir y satisfacer las necesidades de su esposa es una de las características de un esposo amoroso. Ahora te sugiero que si quieres animar a tu esposo en esta búsqueda, la mejor manera de hacerlo es mediante un esfuerzo consciente por satisfacer sus necesidades. Cuando cada uno de nosotros se concentra en satisfacer las necesidades del otro, ambos salimos ganando. Este es el matrimonio en su máxima expresión. Cuando nuestras necesidades están satisfechas, nuestros hijos no solo tienen un modelo de matrimonio exitoso, sino que son los beneficiarios del excedente. Los esposos y las esposas cuyas necesidades emocionales se satisfacen mutuamente son mucho más eficientes en la crianza de los hijos.

Solo para esposas:

POR QUÉ LOS ESPOSOS SE PONEN A LA DEFENSIVA

A menudo, las esposas me preguntan: «¿Por qué mi esposo se pone tan a la defensiva?». Megan dijo: «Todo lo que tengo que hacer es mencionar que hay que cortar el césped para que se ponga hecho una furia. ¿Por qué se pone así?». Allyson dijo: «Vamos conduciendo por la carretera. Todo va bien. Me doy cuenta de que va a cien kilómetros por hora. Le recuerdo que el límite de velocidad es de ochenta y cinco, y empieza a gritar y a chillar. No entiendo su comportamiento». Tanto Megan como Allyson están experimentando reacciones defensivas por parte de sus esposos. Ese comportamiento les parece incomprensible por completo. El hecho es que ambos esposos están revelando algo sobre sí mismos. La actitud defensiva siempre revela el interior de uno mismo.

La actitud defensiva es mi reacción cuando alguien toca mi autoestima. Cuando algo amenaza mi sentido de autoestima, tendré una respuesta defensiva. Los esposos de Megan y Allyson revelan un punto crítico en su autoestima. En sus historias, algo ha relacionado el cortar el césped y el exceso de velocidad con su autoestima. Quizá fuera un padre que a cada momento acosaba a su hijo para que cortara el césped, que le dijera lo inútil que era, pues tenía que presionarlo para que cortara el césped cada semana. Tal vez fuera una serie de multas por exceso de velocidad en la adolescencia que comunicaban «eres un mal conductor», por lo que cuando sus esposas mencionan el césped o el límite de velocidad, tienen reacciones defensivas. O a lo mejor el problema sea más general; el comentario le parece una crítica y se siente atacado.

No sabemos cuáles son estas reconocidas zonas emocionales hasta que tocamos una de ellas. Sería una buena idea hacer una lista de todas las reacciones defensivas de tu esposo. Anota lo que dijiste o hiciste, y cómo respondió. Empezarás a descubrir estas zonas conflictivas y, a su debido tiempo con la reflexión, descubrirás por qué responde a la defensiva. Cada vez que hagas o digas algo que estimule un mensaje negativo sobre su autoestima, se pondrá a la defensiva. Su actitud defensiva te está revelando los propios mensajes despreciativos grabados en tu ser interior. Cuando lo entiendas, comprenderás con más facilidad por qué está a la defensiva. Sin esta comprensión, es probable que sus reacciones defensivas estimulen en ti emociones de enojo o desconcierto ante su comportamiento. Con esta información, estarás preparada para aprender una respuesta más constructiva.

La clave para aprender a reducir sus reacciones defensivas es aprender a comunicar tus preocupaciones de una manera que no afecten su autoestima. Por ejemplo, veamos la actitud defensiva de Bill ante la petición de Megan de que corte el césped. Si tiende a ponerse a la defensiva cada vez que le menciona el césped, ella puede suponer que esto está relacionado de alguna manera con su autoestima. Por lo tanto, en una conversación abierta con él una noche en la que no estén en conflicto, puede decir algo como lo siguiente. «Bill, quiero hablar contigo de algo que creo que mejorará nuestras vidas. Me he dado cuenta de que cuando te hablo de cortar el césped, tu respuesta natural es ponerte a la defensiva. Supongo que hay algo en tu pasado relacionado con cortar el césped que provoca esta actitud defensiva. Es obvio que lo encuentras ofensivo. Espero que sepas que mi intención no es enojarte, por lo que me gustaría encontrar una mejor manera de lidiar con esto. Mi preocupación solo es que el jardín se vea presentable. No intento menospreciarte ni criticarte. Eres un esposo maravilloso y la mayor parte del tiempo el jardín se ve bonito. ¿Sería mejor que te escribiera una nota cuando considere que el jardín necesita atención en lugar de decírtelo con palabras? ¿O preferirías que cuando crea que el jardín necesita atención, lo haga yo misma? ¿O preferirías que contratara a alguien para que lo haga? ¿O tienes alguna otra sugerencia?». Lo más probable es que Bill se muestre receptivo a lo que le dice y que juntos encuentren la manera de que ella exprese su deseo.

Intenta aprender de las reacciones defensivas de tu esposo. Si decide leer este capítulo, tal vez puedan hablar de todo el concepto de la actitud defensiva y ambos puedan comprender mejor los puntos críticos de la autoestima del otro. Tal comprensión creará una intimidad más profunda entre los dos y los llevará a relacionarse de forma menos defensiva.

HOMBRES, SEXO Y EMOCIONES

Tenía la cara roja. Su voz era desesperada. «Dr. Chapman, ¿qué le pasa a mi esposo? Cada vez que me doy la vuelta, es sexo, sexo, sexo. Creo que es lo único que tiene en mente. ¿No es el matrimonio algo más que sexo?».

¿Cuántas esposas han expresado estos sentimientos a lo largo de los años? En la sección sobre la intimidad conyugal, hablamos de las diferencias sexuales entre hombres y mujeres. Para la esposa que desea estimular el crecimiento de su esposo como líder amoroso, es importante recordar estas diferencias.

El impulso sexual masculino tiene sus raíces en su anatomía. Las gónadas producen continuamente espermatozoides. Estos se almacenan junto con el líquido seminal en las vesículas seminales. Cuando las vesículas seminales están llenas, se produce un impulso físico de liberación. Esto crea un mayor deseo sexual masculino. No hay nada comparable a esto en la mujer. Ella tiene su período menstrual, y de seguro que esto afecta sus deseos sexuales, pero no hay nada físico que se acumule dentro, impulsándola a tener una liberación sexual. Su deseo de intimidad sexual está más arraigado en sus emociones. Cuando se siente amada y cercana a su esposo en lo emocional, es mucho más probable que desee tener intimidad sexual. Sin embargo, cuando no se siente amada y cuidada, puede tener poco interés en la parte sexual del matrimonio, a menos que ese sea el único lugar donde sí se sienta amada.

Comprender y responder a esta diferencia puede afectar en gran medida la actitud del esposo hacia su esposa. Cuando el apetito sexual del esposo no se satisface, tiende a volverse irritable, retraído o crítico. Cuando se satisface la necesidad sexual, tiende a estar más relajado y tranquilo. Si el esposo ha logrado avances considerables en el desarrollo de las características de un líder amoroso como se describe en esta sección, lo más probable es que a su esposa le resulte fácil responderle en lo sexual, y su relación sexual será una experiencia positiva para ambos. No obstante, si tiene deficiencias como líder amoroso, esta puede ser una esfera de seria lucha.

Así como he animado al esposo a amar a su esposa de manera incondicional, aquí debo animar a la esposa a amar a su esposo de manera incondicional. En el ámbito sexual, esto puede significar ir en contra de tus emociones. Al reconocer la naturaleza de su necesidad sexual y desear tomar la iniciativa de amarlo, ella inicia la intimidad sexual como una expresión de amor. Satisfacer su necesidad sexual de forma regular crea una atmósfera en la que ella puede comunicarle cómo satisfacer con más eficacia su necesidad haciéndole peticiones específicas. En este contexto amoroso, es probable que él responda a sus peticiones y, al hacerlo, satisfaga sus necesidades emocionales.

Si, por el contrario, ella opta por utilizar el sexo como arma contra él y lo retiene hasta que ceda a sus demandas, habrá creado un campo de batalla en lugar de una relación amorosa. En tales batallas no hay vencedores. Las batallas tienden a intensificarse hasta que cada parte destruye a la otra. Un matrimonio saludable se crea mediante esfuerzos genuinos por satisfacer las necesidades de cada uno. La esposa que toma la iniciativa en el campo sexual ejerce una influencia positiva en los esfuerzos de su esposo por desarrollar sus propias habilidades de liderazgo amoroso.

Solo para esposas:

LA CONFRONTACIÓN PUEDE SER AMOROSA

En la mayoría de los matrimonios, las seis sugerencias que hice en este capítulo influirán de manera positiva en la actitud del esposo. Los elogios tienden a engendrar elogios; las peticiones tienden a ser atendidas. Cuando se satisfacen sus necesidades, le resulta más fácil responder a las de ella. El amor engendra amor, y cuando se comprende y desactiva la actitud defensiva, la vida fluye sin problemas. Cuando se satisfacen sus necesidades sexuales, es libre de centrarse en otros asuntos familiares. Sin embargo, sería injusto si les diera a las esposas la impresión de que si siguen estas seis pautas, sus esposos siempre seguirán creciendo como esposos y padres amorosos. Hay ocasiones en que a los esposos se les debe confrontar por su comportamiento irresponsable.

La confrontación no es una palabra negativa. Es más, se trata de un acto de amor si se hace con la actitud adecuada. Volvamos a las tres esposas que conocimos en el capítulo 10. El esposo de Elaine no ha tenido un trabajo estable en diez años, y cuando está sin trabajo, pasa el tiempo viendo la televisión y haciendo ejercicio en el gimnasio local. Elaine ha soportado la carga financiera durante todo su matrimonio. No sé si su esposo habría respondido de manera diferente si ella hubiera aplicado las seis sugerencias de este capítulo. Lo que sí sé es que si su irresponsabilidad persiste a pesar de los esfuerzos de Elaine, la confrontación sería un acto de amor.

Si Elaine le hubiera dicho al principio del matrimonio: «Te quiero mucho. Deseo tener una relación íntima contigo. Me he dado cuenta de que en cada trabajo que has tenido, has encontrado fallas en el trabajo o en las personas con las que trabajas. Esta vez, en lugar de renunciar al trabajo, quiero pedirte que hables con alguien sobre la situación y trates de encontrar una manera diferente de lidiar con el problema». Incluso, puede sugerirle un consejero o pastor específico.

Si rechaza esta petición y repite el patrón de abandonar el trabajo, es hora de que ella le exprese amor duro y le informe que no seguirá pagando las facturas mientras él ve la televisión y hace ejercicio en el gimnasio. Además, debe tomar las medidas adecuadas para demostrarle que habla en serio. La única manera de romper un patrón irresponsable es hacerlo responsable de sus acciones. Mientras pueda tener su pastel y comérselo también, no es probable que cambien sus patrones de trabajo. El amor duro corre el riesgo de perderlo, pero también tiene el potencial de estimular el crecimiento y darle a ella un esposo más responsable.

Tracy era la esposa cuyo esposo trabajaba con regularidad y cubría las necesidades económicas de la familia, pero era un controlador excesivo. Consideraba que sus ideas eran inútiles, no toleraba sus preguntas sobre su comportamiento y se volvía beligerante cuando ella cuestionaba cualquiera de sus acciones. Tracy vivía esclavizada por un esposo dominante.

Si los esfuerzos amorosos que analizamos en este capítulo no estimularon un cambio positivo en su esposo, hay un lugar para que ella le diga con amabilidad y firmeza: «Te amo demasiado como para dejar que te destruyas a ti mismo y a mí. En muchos sentidos, eres un esposo maravilloso. Sin embargo, en materia de control, nos estás destruyendo a los dos. Hasta que no estés dispuesto a discutir el problema conmigo y con un consejero, no podré vivir contigo hasta que consigamos ayuda. Estoy dispuesta por completo a trabajar en nuestro matrimonio y creo que tenemos un matrimonio que vale la pena salvar, pero no puedo hacerlo sola. Debo contar con tu colaboración». Una vez más, este tipo de confrontación corre el riesgo de crear la crisis de la separación, pero a veces una crisis es necesaria para estimular un crecimiento positivo. Con esta acción, Tracy no abandona a su esposo; en realidad, lo ama lo suficiente como para arriesgarse.

Becky era la esposa cuyo esposo era pasivo en todos los ámbitos excepto en su vocación y su computadora. Durante seis años, su

Solo para esposas:

dormitorio había necesitado pintura. Cuando había que reparar las bicicletas de los niños, pasaban meses antes de que él respondiera. Su primer recurso, como en el caso de Elaine y Tracy, debería ser probar las seis sugerencias que hicimos en este capítulo; pero si, con el paso del tiempo, estas no logran estimular el crecimiento de su marido, hay lugar para la confrontación. Podría decirle: «Te quiero mucho. Aprecio profundamente el hecho de que trabajes con regularidad y contribuyas en lo económico a nuestra familia. Aun así, quiero que sepas que no puedo seguir viviendo con tu espíritu pasivo. No espero que seas Supermán, pero sí necesito que hagas al menos un proyecto en la casa cada semana. Estamos pagando para que corten el césped, y eso está bien. Sin embargo, hay otras cosas que necesitan tu atención. Te pido que me ayudes. No deseo abrumarte, pero sí deseo ver un cambio. Si no puedo confiar en que tomes la iniciativa de realizar un proyecto a la semana en nuestro hogar, tendré que buscar a alguien de confianza a quien pueda contratar para realizar estas tareas. Si eso no te parece razonable, estoy dispuesta a discutirlo contigo y con un consejero. Deseo más que nada ser una buena esposa para ti, y estoy abierta a tus sugerencias, pero debe ser una vía de doble sentido».

Si esa confrontación parece dura y amenazadora, permíteme recordarte que este es el último recurso. Cuando has probado el poder del elogio, cuando has hecho peticiones específicas, cuando lo has amado de manera incondicional y has tratado de satisfacer sus necesidades, cuando has tratado de comprender su actitud defensiva y encontrar formas de fortalecer su autoestima, cuando has tratado de responderle sexualmente y él todavía está involucrado en un comportamiento irresponsable, es hora de una confrontación fuerte, firme y amorosa. Tal acción es, en efecto, la cosa más amorosa que puede hacer una esposa. Permitir que tu esposo sea irresponsable durante treinta años no es un servicio para él ni para tus hijos. Cuando un esposo que tiene una esposa amorosa y solidaria que ha tomado las medidas sugeridas en este capítulo se da cuenta de que está en peligro de perderla, puede sentirse muy motivado a cambiar su forma de pensar y su comportamiento. Su confrontación ha creado una crisis a la que debe responder. Muchos esposos han recordado una crisis como esta y han agradecido que sus esposas tuvieran el valor de amarlos lo suficiente como para obligarles a tomar medidas constructivas. La confrontación puede ser, en realidad, un fuerte acto de amor.

Incluso en la confrontación, una esposa no puede hacer que su esposo cambie. El cambio es una elección que solo puede hacer el individuo. Sin embargo, como el matrimonio es una relación tan íntima, el comportamiento de la esposa puede influir mucho en el esposo. Creo que las sugerencias que hice en este capítulo tienen el potencial de animar a muchos esposos a desarrollar habilidades positivas para convertirse en esposos y padres amorosos. En tus esfuerzos por ser una influencia positiva para tu esposo, recuerda que la meta no es la perfección, sino el crecimiento. Anímate cuando tu esposo dé pasos positivos y recuerda que el crecimiento lleva tiempo. Puede que no sea todo lo que deseas, pero si está creciendo, el potencial es ilimitado.

Para más información sobre cómo tú y tu familia pueden desarrollar una actitud de servicio, consulta el código en la página 185 para acceder a la Family Adventure Guide [Guía de aventuras familiares] en **www.5lovelanguages.com/5traits.** Esta guía tiene como objetivo ayudarte a poner en práctica las características saludables que se analizan en este libro. Encontrarás una serie de evaluaciones, cosas en las que pensar y oportunidades para profundizar en el tema.

Epílogo

Será obvio para todos que este no es un libro para leer. Es un libro para experimentar. Les conté lo que creo que son las cinco cualidades de una familia saludable en verdad. Al hacerlo, te he invitado a mi propia familia. No has dormido en la habitación del sótano como lo hizo John, nuestro antropólogo residente, pero espero que percibieras algo de lo que ha sucedido en nuestra familia a lo largo de los años.

No he escrito como un etnógrafo imparcial describiendo las cinco cualidades de una familia amorosa. He escrito más bien con la pasión de quien está profundamente preocupado por el bienestar de una nueva generación. Durante los últimos cuarenta y cinco años, he trabajado lo bastante cerca de la gente como para saber que los principios explicados en este libro son esenciales para formar una familia saludable. Cada vez son más los jóvenes que no han visto una demostración de una familia amorosa y, como resultado, tienen poca idea de por dónde empezar. Mi deseo es que este libro sirva como punto de partida. Para las parejas jóvenes que desean de veras establecer una familia amorosa, espero que este volumen no solo sirva para brindarles un paradigma de principios, sino que también sirva como un libro de trabajo que dé instrucciones prácticas sobre cómo desarrollar estas cualidades dentro de su propia familia.

Las cinco cualidades que describí son tan antiguas como la humanidad misma. Han guiado a familias de muchas culturas durante miles de años, pero corren grave peligro de perderse hoy, en una época en la que hemos perdido el consenso de la sociedad sobre la importancia de la unidad familiar.

Soy plenamente consciente de que para quienes crecieron en familias disfuncionales y ahora intentan establecer su propia familia, las ideas que expuse en este libro pueden resultar abrumadoras. Por eso insistí antes que este es un libro para experimentarlo, no para leerlo. Mi deseo es que, tras una lectura superficial, las parejas vuelvan a las secciones donde tienen mayor necesidad de crecimiento y utilicen las sugerencias prácticas para incorporar estas cualidades en su propia familia. Es un libro que espero que consultes con frecuencia cuando tengas la sensación de que algo falta en tus relaciones familiares. También es mi deseo que el libro se utilice por consejeros, educadores y otros cuidadores como un recurso para estimular el debate y la acción con relación a los asuntos matrimoniales y familiares.

Cuando John vino a observar a nuestra familia hace tantos años, no tenía ni idea del impacto que tendría en su vida o en la nuestra. Cuando años después le pregunté: «¿Cuál es tu evaluación general del valor del año que pasaste con nosotros?», su respuesta fue toda la recompensa que podía desear. Esto es, en parte, lo que dijo:

Entonces, y ahora que lo recuerdo, lo disfruté mucho. Fue un lugar muy estimulante para mí. Un ambiente seguro, estable; en un momento de mi vida en el que mi propio hogar no era nada de eso. En mi casa no había una buena comunicación entre mis padres ni entre mis padres y yo. No había respeto mutuo. Había disfunción en casi todos los sentidos. Cuando llegué a tu casa, empecé por primera vez a tener un modelo para observar cómo podía ser [...].

Creo que fue muy valioso para mí, ya que más tarde pude respetar a mi propia esposa y apreciarla como persona, y poder hablar sobre las cosas. No sé qué habría hecho si no hubiera vivido en su casa antes de casarme. Me estremezco al pensarlo. En

Epílogo

realidad, me dio una transición muy importante en mi vida como esposo y más tarde como padre.

Para terminar, es mi más sincero deseo que encuentres en este libro una luz que te guíe hacia la edificación de la familia que siempre has deseado. La multiplicación de las familias sanas es lo que produce una sociedad sana, y las sociedades sanas y funcionales son las que crean un mundo de armonía. Lo que ocurre con tu familia marca la diferencia, no solo para ti y tus hijos, sino también para los miles de jóvenes observadores que buscan la familia que siempre quisieron.

Unas palabras de Shelley y Derek

«EL LUGAR DONDE LLEGO A CONOCER A DIOS»

Cuando pienso en el impacto de crecer en mi familia, se repiten dos ideas. Una es que la familia es trabajo. No en el sentido frío de todo trabajo, nada de juego, sino en el sentido de que, para que funcione, todos deben trabajar e invertir en el conjunto. La otra semilla clave plantada en mí que continúa dando buenos frutos es la sensación de la falta de separación entre la vida espiritual y la vida familiar. Creo que la idea es la siguiente: la familia es una extensión y expresión de la iglesia. Mi vida espiritual, mientras crecía, estuvo íntimamente conectada a mi vida familiar. Ambos conceptos se han quedado grabados en mí y me han dado una buena base para formar mi propia familia.

El concepto del trabajo como motivación es poco atractivo para gran parte de mi generación. Sin embargo, la realidad es que el matrimonio es trabajo y, en muchos sentidos, nos permite tener comunión con el sufrimiento de Cristo. De nuevo, no es que todo sea trabajo, pero creo que uno necesita entrar en la vida familiar pensando en el sacrificio y el servicio para que dé resultado.

El matrimonio y la familia están hechos para ayudarnos a conocer y amar a Dios aún más. Vi esta «boda» de vida espiritual y la vida familiar mientras crecía, así que no me costó conciliarlas más adelante. Para mí, el matrimonio y la familia son el lugar central donde me encuentro y conozco a Dios. Se trata de un concepto radical en la sociedad contemporánea, que tiende a separar a Dios y a la familia en dos categorías casi opuestas. Por eso estoy agradecido de haber crecido viendo tanto el trabajo como la espiritualidad de estar casado y de formar una familia.

Derek Chapman

«LO QUE LA RESPIRACIÓN ES PARA EL CUERPO»

Las experiencias de mi infancia me dejaron un profundo respeto por la intimidad. Era muy consciente de que una buena comunicación (escuchar y hablar) era la única manera de tener intimidad intelectual, emocional, social, física y espiritual. La comunicación sana es para el matrimonio y la familia lo que la respiración es para el cuerpo: esencial. John y yo cultivamos nuestra relación durante trece años antes de casarnos. (Ambos estábamos estudiando medicina y completando nuestros programas de residencia). Incluso entonces, esperaba que los primeros años de nuestro matrimonio fueran difíciles. ¿Por qué si no mi hogar cuando era niña estaría tan ocupado con parejas que venían a recibir terapia? (Esta comunicación íntima debe ser un trabajo DURO). Me sorprendió descubrir que las habilidades de comunicación aprendidas de niña, y utilizadas durante el noviazgo, dieron lugar a días llenos de intimidad con mi pareja.

Ahora nuestros hijos disfrutan de un tiempo a solas con cada uno de nosotros al final del día, mientras leemos cuentos, hablamos de los acontecimientos del día y oramos. Nuestro deseo es que aprendan a comunicarse íntimamente dentro de la familia y que esto abra sus vidas a relaciones saludables. A menudo pienso en las horas que pasé con mis padres al final de cada día y en cómo eso me preparó para un matrimonio y una familia saludables. Por eso estoy profundamente agradecida.

Dra. Shelley Chapman McGuirt

Agradecimientos

La palabra familia implica esposo, esposa e hijos. Para nosotros, la familia significa Gary, Karolyn, Shelley y Derek. Nuestra familia extendida incluye al yerno John, la nuera Amy y los nietos: Davy Grace y Elliott Isaac. Dado que este libro, hasta cierto punto, expone a nuestra familia en sus años de formación, quiero expresar mi sincera gratitud a mi familia por permitirme contarles algo de nuestro viaje. En especial, estoy agradecido por el papel que desempeñó Derek al leer el manuscrito y hacer sugerencias interesantes, así como por su expresión creativa de recuerdos y emociones en los poemas que aparecen a lo largo del libro.

Mi más sincero agradecimiento a John Nesbitt, nuestro antropólogo residente. Tuvo la amabilidad de dedicarme un tiempo considerable para reflexionar sobre el año que pasó con nuestra familia hace muchos años.

Estoy muy en deuda con Tricia Kube, mi asistente administrativa durante una década y media, quien computarizó el manuscrito e hizo muchas sugerencias útiles; junto con Betsey Newenhuyse y Avrie Roberts de Moody Publishers, por su experta ayuda editorial.

Por último, pero no menos importante, quiero expresar mi agradecimiento a las decenas de personas cuyas historias aparecen en estas páginas. Por supuesto, los nombres y lugares se cambiaron para proteger su privacidad, pero su voluntad de hablar de su dolor y alegría conmigo hizo que este volumen esté arraigado en la vida real.

DESCARGA RECURSOS GRATUITOS

Para consultar en forma gratuita la Family Adventure Guide, visita:

www.5lovelanguages.com/5traits

Código de acceso: 4F4M1LY

Esta guía de la familia tiene como objetivo ayudarte a identificar los hábitos actuales de tu familia y prepararte para aplicar las cinco cualidades saludables que se analizan en este libro. Esperamos que estos ejercicios te ayuden a fortalecer a tu familia y, tal vez, a comprenderte un poco mejor a ti mismo.

Notas

PRÓLOGO: UN EXTRAÑO EN LA FAMILIA

1. Edith Schaeffer, *What Is a Family?*, Revell, Grand Rapids, 1975, p. 211.

CAPÍTULO DOS: CÓMO SIRVEN LAS FAMILIAS

1. William J. Bennett, *El libro de las virtudes*, Ediciones B, Barcelona, España, 2011.
2. Philip Yancey, «Humility's Many Faces», *Christianity Today*, 4 de diciembre de 2000, christianitytoday.com/ct/2000/december4/37.96.html.
3. Juan 13:14-15, 17.
4. Mateo 20:26.

CAPÍTULO TRES: NUESTRO ANHELO DE CERCANÍA

1. Génesis 2:23.
2. Gary D. Chapman, *Los 5 lenguajes del amor: El secreto del amor que perdura*, Editorial Unilit, Medley, FL, 2017.
3. Génesis 2:25.

CAPÍTULO CUATRO: CINCO PASOS HACIA LA INTIMIDAD

1. Víctor Hugo, *Les Misérables*, traducción al inglés Lee Fahnestock y Norman MacAfee, Penguin, Nueva York, 1987.

CAPÍTULO CINCO: HABLAR, HACER, AMAR

1. Bobbie Gee, «A Legacy of Love», in *Chicken Soup for the Soul*, eds. Jack Canfield y Mark Victor Hansen, Health Communications, Deerfield Beach, FL, 1993, pp. 117–18.
2. Gary Chapman y Ross Campbell, *Los 5 lenguajes del amor de los niños*, Unilit, Medley, FL, 2018.
3. Ross Campbell, *Cómo amar de verdad a tu hijo*, Editorial Nivel Uno, Weston, Florida, 2018.
4. Para obtener una explicación más completa del concepto del lenguaje del amor y cómo se relaciona con el matrimonio y con los hijos, consulta a Gary Chapman, *Los 5 lenguajes del amor: El secreto del amor que perdura* (Unilit, Medley, 2017), y Chapman y Campbell, *Los 5 lenguajes del amor de los niños*.

CAPÍTULO SEIS: EL DESAFÍO DE LA ENSEÑANZA CREATIVA

1. Deuteronomio 6:7, LBLA.
2. Esta cita se le atribuye al Dr. Graham Blaine.

CAPÍTULO SIETE: EL DESAFÍO DE LA ENSEÑANZA CONSTANTE

1. Karl Menninger, citado por Herbert V. Prochnow y Herbert V. Prochnow, Jr., *5100 Quotations for Speakers and Writers*, Baker Books, Grand Rapids, 1992, p. 380.
2. Esta cita se le atribuye a Abraham Lincoln.

CAPÍTULO NUEVE: EL REGALO DE LA HONRA

1. Wayne E. Warner, *1,000 Stories and Quotations of Famous People*, Baker Books, Grand Rapids, 1975, p. 64.

CAPÍTULO ONCE: LO QUE LOS PADRES HACEN POR SUS FAMILIAS

1. Stephanie Kramer, «US Has World's Highest Rate of Children Living in Single-Parent Households», Pew Research, 12 de diciembre de 2019, https://www.pewresearch.org/fact-tank/2019/12/12/u-s-children-morelikely-than-children-in-other-countries-to-live-with-just-one-parent/.
2. Robert Bly, «The Hunger for the King in a Time with No Father», en *Fathers: Sons and Daughters*, ed. Charles S. Scull, Jeremy P. Tarcher, Los Ángeles, 1992, p. 60.
3. James L. Schaller, *The Search for Lost Fathering*, Revell, Grand Rapids, 1995, p. 16.
4. William F. Hodges, *Interventions for Children of Divorce: Custody, Access, and Psychotherapy*, Wiley, Nueva York, 1991, p. 1.

CAPÍTULO DOCE: SOLO PARA ESPOSAS: EL ADMIRABLE ARTE DE ANIMAR

1. Willard F. Harley Jr., *Lo que él necesita, lo que ella necesita: Construya un matrimonio a prueba de infidelidades*, Revell, Grand Rapids, 2007.